ÉTUDES

HISTORIQUES ET ARCHÉOLOGIQUES

SUR LA

CATHÉDRALE DE LISIEUX

par

Charles VASSEUR

MEMBRE DE LA SOCIÉTÉ DES ANTIQUAIRES DE NORMANDIE

CAEN

TYP. F. LE BLANC-HARDEL, LIBRAIRE
RUE FROIDE, 2 ET 4

1881

ÉTUDES

HISTORIQUES ET ARCHÉOLOGIQUES

SUR LA

CATHÉDRALE DE LISIEUX

par

Charles VASSEUR

MEMBRE DE LA SOCIÉTÉ DES ANTIQUAIRES DE NORMANDIE

CAEN

TYP. F. LE BLANC-HARDEL, LIBRAIRE

RUE FROIDE, 2 ET 4

—

1881

Extrait du Bulletin de la Société des Antiquaires de Normandie.

Au milieu de toutes les vicissitudes politiques et sociales, Lisieux a eu le bonheur de conserver, dans son intégrité, son antique cathédrale, monument imposant et du plus haut intérêt, dont la monographie mériterait les efforts réunis d'un écrivain et d'un grand artiste. Mais jusqu'à présent, ni les historiens, ni les architectes ne s'en sont occupés.

A peine M. Viollet-le-Duc, dans un de ses derniers volumes, en dit-il deux mots, et on comprend par la manière dont il en parle, qu'il ne l'a jamais vu. Pourtant, ce monument n'est pas situé dans des lieux inaccessibles et isolés. Pourquoi, à quatre heures de Paris, sur l'un des grands réseaux de chemin de fer, n'arrête-t-il que quelques Anglais, qui retrouvent dans ses pierres des témoins de leur domination en Normandie ? Pourquoi est-ce dans les écrits de Du Carel, Cotman, Turner, Galli-Knight et Parker qu'il faut aller chercher toutes les observations écrites sur cet édifice de l'époque de *transition* ?

Les habitants de Lisieux partagent un peu l'indifférence générale pour ce chef-d'œuvre, élevé des mains de leurs aïeux, et dont ils devraient faire leur gloire. Les écrivains locaux restent sans inspiration et n'en parlent pas. Nous n'avons à citer qu'une brochure de 32 pages in-8°, écrite en 1840, par M. Farolet, curé de l'église, après avoir obtenu, par la haute influence de M. Guizot, le classement de cette œuvre magistrale parmi les monuments historiques. Ce travail succinct est généralement exact, et mérite l'éloge si l'on tient compte du peu de documents que l'auteur avait entre les mains. Dans le courant de 1867, M. A. Pannier, archéologue, a publié dans un journal de la localité, *Le Normand*, une description propre à compléter, en certains points, la brochure de M. Farolet. La *Statistique monumentale* de M. de Caumont ne pouvait, sans sortir de son plan général, donner autre chose que des aperçus très-succincts, avec quelques gravures. Tels sont nos seuls devanciers.

Nous avons voulu, à notre tour, étudier l'histoire et l'architecture de l'antique cathédrale. En publiant le résultat de nos recherches dans les Archives et de nos observations sur le monument, nous n'avons pas la prétention de présenter un travail définitif, une monographie complète, les éléments ne nous en paraissent pas encore suffisants ; c'est un simple avant-projet, un croquis, un jalon pour celui qui viendra enfin, nous l'espérons, traiter à fond le sujet, d'une manière digne de lui.

PREMIÈRE PARTIE.

HISTOIRE.

CHAPITRE Ier.

ORIGINES CHRÉTIENNES DE LISIEUX.

L'étude d'un monument rappelle naturellement à l'esprit l'origine des institutions qui ont nécessité sa construction, pour l'usage desquelles il a été élevé. Il n'est donc pas étrange, en présence de la cathédrale de Lisieux, de rechercher quels furent les apôtres et les premiers prélats de ce siége épiscopal, anéanti par le malheur des temps, et d'essayer de fixer l'époque où le christianisme pénétra dans cette partie de la Neustrie.

Sous l'influence des doctrines jansénistes, de vives discussions se sont élevées entre les savants des deux derniers siècles sur la date de l'introduction du christianisme dans les Gaules ; mais elles n'ont pas été exemptes de préjugé et de système, et partant la lumière n'a pu se faire. Aujourd'hui,

Lisieux n'a plus d'évêque ; on est donc plus libre pour entrer dans le vif de la question. Bien que le système dominant du XVII⁰ siècle ait encore des défenseurs (1), que Launoy, Tillemont et Baillet comptent encore des disciples, on est généralement revenu à regarder comme indubitable la prédication de la religion chrétienne dans les Gaules dès les temps apostoliques. On ne fait nulle difficulté d'admettre, avec Baronius (2) et les vieilles autorités de l'Église, que saint Pierre lui-même institua évêques pour Limoges, Toulouse et Bordeaux, saint Martial ; pour Reims, saint Sixte ; pour Arles, saint Trophime ; pour Sens, Sabinien ; pour le Mans, saint Julien ; pour Châlons, saint Memmin ; pour Bourges, saint Ursin ; pour Saintes, saint Eutrope, etc. ; et que, dès le même temps, la Grande-Bretagne était également

---

(1) L'*Essai sur les origines et les développements du christianisme dans les Gaules*, publié dans le Bulletin monumental par M. Tailliar, président honoraire à la Cour de Douai, est dans ces tendances (voyez tomes XXXII, 1866, p. 240 à 287, 492 à 556. — XXXIII, 1867, p. 653 à 705. — XXXIV, 1868, p. 478 à 523). On peut citer aussi les *Origines de l'église de Paris*, par l'abbé E. Bernard, in-8° de 562 pages, et quelques autres travaux nés surtout à Paris.

(2) Voyez l'abbé Freppel, *Saint Irénée et l'éloquence chrétienne dans la Gaule pendant les deux premiers siècles*, Paris, 1861 ; — l'abbé Faillon, *Monuments inédits de l'apostolat de Ste-Marie-Madeleine en Provence*, Paris, 1859 ; — Gorini, *Défense de l'Église*, Lyon, 1853, t. I, p. 483 ; — l'abbé de Lutho, *Vie de saint Ursin, apôtre du Berry* ; — l'abbé J. Corblet, *Origines de la foi chrétienne dans les Gaules et spécialement dans le diocèse d'Amiens* (Revue de l'Art chrétien, novembre et décembre 1869, janvier 1870).

évangélisée (1). Mais la persécution de Domitien ayant tué ou dispersé ces premiers apôtres et anéanti le fruit de leurs sueurs, le pape Clément renvoya de nouveaux missionnaires, sous la conduite de saint Denis l'Aréopagite, vers 98 de J.-C. (2).

C'est à cette époque qu'on devrait, avec Ordéric Vital, D. Pommeraye, D. Bessin et les auteurs de la *Gallia christiana*, fixer l'épiscopat de saint Nicaise et de saint Taurin, et, avec la liturgie, celui de saint Exupère, premier évêque de Bayeux. Il ne faut pas toutefois, dans ces temps reculés, s'imaginer des circonscriptions ecclésiastiques déterminées, pas plus que nous n'en voyons dans les missions étrangères, au milieu des sauvages de la Chine et de l'Océanie. Si saint Nicaise fut arrêté par le martyre avant d'avoir pénétré dans la capitale de la deuxième Lyonnaise, si saint Taurin évangélisa surtout la ville d'Évreux et les plaines environnantes, si saint Exupère se fixa à Bayeux, il est permis de penser que leurs compagnons et leurs prosélytes ne s'imposèrent pas de ne point franchir la Seine et la Dive, ou la Charentonne et la Risle, alors qu'ils voyaient sur la rive opposée des populations nombreuses au milieu desquelles pouvaient s'exercer leur zèle et leur ardeur de gagner des âmes à Dieu. Sans doute, dans l'état actuel des recherches historiques, on est réduit sur ce point aux conjectures et aux suppositions ; mais peuvent-elles passer pour téméraires, quand on voit les rituels anciens de Lisieux honorer d'une

---

(1) Baronius, *Annales Ecclesiastici*, t. I, p. 356 et 537.
(2) *Ibidem*, t. I, p. 742.

manière spéciale saint Lin et saint Clément, papes, quand saint Taurin et saint Martin sont les titulaires des deux plus anciennes chapelles de la cathédrale (1)? On peut en dire autant de saint Ursin. Ce saint évêque de Bourges aurait-il excité la dévotion des habitants de Lisieux d'une manière si extraordinaire au XIe siècle, malgré les années écoulées depuis sa mort, malgré l'éloignement des lieux, s'il n'avait existé alors une tradition, peut-être des documents constatant qu'il avait visité leurs ancêtres dans le cours de ses prédications ? L'étude approfondie des monuments qui le concernent nous permettra un jour, nous l'espérons, de lui faire partager avec saint Taurin la lourde tâche de l'évangélisation des Lexoviens dès le premier siècle de l'ère chrétienne.

Le rituel lexovien de 1661 place au nombre des évêques de Lisieux saint Ursin, saint Patrice, saint Claude. Sans doute, les savants auteurs de sa rédaction eurent des raisons pour en agir ainsi ; et, si maintenant nous n'en trouvons plus de preuves déterminantes, est-ce un motif pour les taxer de légèreté et d'ignorance ? Leur prétention ne fut certes pas d'enlever ces prélats aux siéges épiscopaux qu'ils ont principalement occupés, mais de constater la reconnaissance dont le peuple lexovien leur était redevable.

---

(1) *Les Vies des saints Patrons du diocèse de Lisieux*. Lisieux, du Ronceray (s. d.). — Enchiridion seu Manuale Sacerdotum ad usum ecclesiæ et diœcesis Lexoviensis, etc., Lexoviis, 1608. Bréviaire de Lisieux, 1624, etc.

Si nous croyons devoir admettre la prédication de l'Évangile dans cette contrée dès les temps apostoliques, toutefois, allant moins loin que les auteurs de la *Gallia christiana*, nous n'attribuerons pas la fondation de l'évêché de Lisieux au premier siècle de l'église (1). La semence ne tomba pas dans une terre fertile ; la majorité des populations resta attachée aux superstitions païennes. Pour en trouver une preuve, il suffit d'étudier le cimetière exploré depuis quelques années à la porte de Lisieux. Cet immense champ de sépulture par incinération date, en grande partie, à en juger par les monnaies recueillies, des règnes de Vespasien, Domitien, Adrien, Marc-Aurèle, Commode ; c'est-à-dire qu'il atteint presque la fin du IIe siècle de J.-C. (2). On le sait, les chrétiens ne partageaient pas la sépulture des infidèles ; et les lois romaines, plus libérales que les nôtres, les favorisaient en cela (3). La tradition, confirmée par des découvertes assez récentes, place leur champ de repos sous le sol que traverse la rue du Pont-Mortain, auprès de l'antique chapelle de St-Aignan, considérée comme le premier temple chrétien de Lisieux, et dont il ne reste pas pierre sur pierre.

Effectivement, dans les années 1863 et 1864, en construisant les maisons portant les n°s 14 et 25 de cette rue, on a rencontré des squelettes en rangs

---

(1) Tome XIe, Ecclesia Lexov.
(2) *Mémoires des Antiquaires de Normandie*, t. XVII, p. 285. — *Bulletin monumental*, t. XXVIII, 1862, p. 201 et suiv.; t. XXXII, 1866, p. 171 et 629; t. XXXIII, 1867, p. 593 et suiv.
(3) Digeste, liv. I, titre VIII.

pressés, qu'aucune médaille n'accompagnait ; mais auprès desquels gisaient des briques romaines et des fragments de poterie rouge ou samienne. D'après l'ensemble de ces trouvailles, on est porté à considérer ce cimetière comme remontant au bas-empire. D'autres explorations faites sur divers points de la France peuvent corroborer ces observations, et permettent de fixer à la fin du II⁰ siècle l'époque où la pratique païenne de l'incinération cessa définitivement et fit place à la coutume chrétienne, c'est-à-dire le siècle où les chrétiens devinrent enfin la majorité. On a jusqu'alors négligé ces éléments dans les discussions sur l'origine du christianisme dans les Gaules ; on pourrait pourtant en tirer de précieux éclaircissements.

D. Bessin, dans ses *Conciles*, Arthur Dumoustier, dans la *Neustria christiana*, et les Bénédictins, dans la *Gallia christiana*, ont donné des catalogues des évêques de Lisieux. Tous, et avec eux Belleforest, dans sa *Cosmographie* (1), s'accordent à placer comme premier évêque sur notre siège Litharède, l'un des pères du premier concile d'Orléans, en 507, 511 ou 512. Toutefois Sirmond n'est pas de cet avis, il lit dans la suscription : *Litharedus epûs ecclesiæ Oxomensis suscripsi*, et rend cet évêque au diocèse de Séez. Il faudrait alors descendre jusqu'à Thibaut, sous le règne de Childebert I⁰ʳ, pour rencontrer le premier des pontifes de Lisieux dont l'histoire ait conservé le nom (538-541).

Sous les rois Mérovingiens, le siège épiscopal dut

(1) Col. 103 à 107.

rester plus d'une fois vacant, et ce n'est pas seulement à la perte des documents qu'il faut attribuer les lacunes si fréquentes dans la liste de nos premiers pasteurs. Un tel désordre était alors assez général, et pour l'empêcher Pépin statua, en 755, par un Capitulaire, que chaque cité aurait son évêque et qu'il serait pourvu à la vacance dans les trois mois du décès (1).

Les incursions des hommes du Nord, sous les successeurs de Charlemagne, causèrent aussi de profondes perturbations tant dans l'organisation religieuse que dans l'administration civile, et nous ne pouvons guère faire remonter au-delà du règne de Rollon la constitution définitive de l'ordre et de la hiérarchie dans notre pays.

(1) Baluze, *Capitulaires*, t. I, col. 169 et 174. — *Capitula Synodi Vernensis*.

CHAPITRE II.

PREMIÈRES BASILIQUES. — ROGER, HERBERT ET HUGUES.

Personne ne sera surpris qu'il ne reste aucun vestige du premier temple bâti par les apôtres des Lexoviens; mais il nous est permis de rechercher, par analogie, quel en était le plan et l'aspect. Dès les temps apostoliques, les fidèles eurent des lieux déterminés pour se réunir et célébrer les saints mystères. Ce furent d'abord des salles dans des maisons particulières, comme celle où les Disciples se réfugièrent après l'Ascension du Sauveur, comme la maison de Marie, mère de saint Marc, dont parle saint Luc. Bientôt pourtant, au témoignage d'Eusèbe, on construisit des édifices spéciaux, de plus en plus vastes, à mesure qu'augmentait le nombre des chrétiens, et dont un édit de Dioclétien ordonna la démolition (1).

Conformément au Statut de saint Clément, ces églises étaient oblongues et tournées vers l'Orient : *Primum sit longa et ad Orientem conversa.* Les témoignagnes de Tertullien et de saint Paulin confirment cette loi. Était-ce par imitation du temple

(1) Baronius, t. I, p. 475-476.

de Jérusalem ? On serait assez porté à le croire, car leur disposition intérieure cherchait à en rappeler les diverses parties : le portique, l'atrium, la nef, le saint des saints. Après les persécutions, on adopta la forme des basiliques constantiniennes avec leurs absides (1).

Des autels, une image du Christ, des représentations symboliques ou pieuses, voilà la première ornementation des temples chrétiens. Un fauteuil de pierre pour l'évêque. Quant aux prêtres et aux simples fidèles, ils ne croyaient point, dans leur zèle primitif, avoir besoin de ces sièges plus ou moins moelleux, qui sont censés embellir, de nos jours, les édifices sacrés. Ils se contentaient de prier Dieu debout ou, dans les moments les plus solennels, prosternés sur les dalles.

Les cathédrales furent en général bâties sur des points dépendant originairement du domaine public romain, et, comme les palais épiscopaux qui les accompagnent, elles ont fréquemment pour base des substructions de monuments dûs à ces dominateurs italiens (2). Lisieux est dans ce cas. Nous l'avons établi ailleurs, nous ne reviendrons pas ici sur les preuves (3).

Un très-rare volume du dernier siècle, plein de renseignements précieux, malgré quelques erreurs, affirme que notre première église épiscopale, bâtie au plus tard au commencement du IV⁰ siècle, fut

(1) Baronius, t. I, p. 478.
(2) Lenoir, *Architecture monastique*, t. II, p. 508.
(3) *Quelques réflexions sur le tracé de l'enceinte gallo-romaine de Lisieux.* — *Bulletin mon.*, t. XXVI, 1860, p. 315.

dédiée à la Sainte-Vierge (1). Mais notre cité était trop près de la mer, trop voisine de ces hordes barbares et dévastatrices dont le nom resta au rivage saxon (*Otlingua Saxonica*), pour n'avoir pas été victime de leurs incursions. Vint aussi l'occupation des Francs, et, au milieu du VI° siècle, l'incursion d'une horde de pirates, précurseurs des Normands. Rollon, à son tour, y passa pendant le siége de Paris et n'y laissa que des ruines fumantes. Si les fidèles avaient pu, au milieu de toutes ces perturbations, relever leurs églises, bien des causes naturelles de destruction les auraient fait disparaître postérieurement, car la lecture des historiens contemporains semble prouver que le bois dominait dans ces édifices, comme dans les palais et les villas (1).

Quand Rollon, devenu maître de la Normandie, chercha à y introduire une administration sage et forte pour réparer les maux qu'il avait lui-même produits, mais dont la cause était la faiblesse des descendants de Charlemagne, les ruines se réparèrent partout et la munificence des vieux pirates permit d'élever de nouveaux et splendides monuments. Lisieux dut alors renouveler sa cathédrale. Si aucun texte ne nous reste sur cette construction primitive, il est néanmoins difficile de douter de son existence en voyant l'essor donné dans tout le duché aux travaux de ce genre. C'était, au surplus, de la part des conquérants devenus chrétiens, une dette obligatoire pour sortir des entraves

---

(1) *Les Vies des SS. Patrons du diocèse de Lisieux*, p. 54.
(2) Voyez Grégoire de Tours, *passim*, etc., etc., etc.

de l'excommunication encourue par leurs déprédations, comme l'exprime le préambule d'une charte du duc Richard, tirée d'un cartulaire de Lisieux aujourd'hui perdu et transcrite dans la *Neustria Christiana* (1).

Avec ces époques de trouble coïncide une lacune de cent années dans le *Catalogue des Évêques de Lisieux*, et le premier prélat mentionné après la substitution des Normands aux rois carlovingiens est Roger, dont l'administration commença en 980, suivant la *Gallia Christiana*; seulement en 990, selon D. Bessin (2), pour se terminer en 1024. Ce fut, dit Orderic Vital, un prélat plein de vertu « cujus gratia ecclesia a multis præpotentibus viris divitiis aucta fuit. »

Son successeur, Robert, fut deux ans à peine sur le siége épiscopal.

Vient ensuite Herbert (1026 à 1050). Pour la première fois, sous son administration, les auteurs font mention de la cathédrale, dont ils lui attribuent la reconstruction. Céda-t-il à une nécessité urgente ou à la fièvre de rénovation qui produisit alors tant d'édifices nouveaux? Faut-il même lui laisser le mérite d'avoir conçu ce projet important? On serait tenté d'en faire remonter l'initiative à Roger. Ce dernier n'assistait-il pas, en 990, à la dédicace de l'église de Fécamp, fondée par Richard Ier? N'avait-il pas entendu sonner la première heure de cet an mil, qui vit l'Europe se couvrir d'un blanc manteau

---

(1) Biblioth. nationale, mss. fond latin 10049-10050.
(2) *Concilia Rothom. provinciæ.*

d'églises (1) ? Loin de nous, toutefois, l'idée d'amoindrir la part qui revient au digne prélat Herbert dans la construction du temple monumental qui fit l'admiration de ses contemporains, si nous en jugeons par les termes dans lesquels en parlent les historiens du temps. Les textes nous paraissent formels. Bien plus, nous sommes disposés à admettre qu'il sut, pendant les vingt-quatre années de son pontificat, mener l'œuvre à bonne fin, et qu'il laissa bien peu de choses à faire à son successeur, auquel la *Gallia Christiana* attribue la plus grande part, en interprétant trop à la lettre certaines expressions poétiques du moine de St-Évroult. Nous basons ce sentiment sur un texte de Guillaume de Poitiers, archidiacre de Lisieux et contemporain (2). En faisant précisément l'éloge de Hugues d'Eu, le puissant petit-fils de Richard Ier de Normandie et son protecteur, il dit : *Terris thesauro pretiosorum ornamentorum decore sanctam sponsam ditavit. Convenustavit eam ædium quoque ejus tanto cultu ut* AMBIGERET INSPECTOR MELIUS NE NOVA CONSURGERENT AUT VETUSTA REPARENTUR. Ces lignes nous semblent établir que le gros œuvre appartenait intégralement à Herbert, et que son successeur eut seulement à pourvoir à la *décoration*. Il s'en acquitta, du reste, avec une grande magnificence. Les paroles mises dans sa bouche, au moment de sa mort, par Ordéric Vital, font voir quel amour et quelle sollicitude il y avait déployés :

(1) Voyez le passage si souvent cité de Glaber, dans Baronius, *Annales*, tome XI, p. 18.
(2) *Vie de Guillaume le Conquérant.*

« Ecclesiam S. Petri principis apostolorum quam venerabilis Herbertus prædecessor meus cæpit, perfeci, studiose adornavi, honorifice dedicavi et cultoribus, necessariisque divino servitio vasis, aliisque apparatibus copiose ditavi. Hanc cœlesti Dño supplex commendo et in ejus gremio recumbere desidero, ibique secundum Salvatoris adventum expectabo. »

Il faut supposer les travaux achevés en 1055, quand eut lieu le concile de Lisieux, présidé par Hermenfroi, évêque de Sion, légat du pape, pour prononcer la destitution de Mauger, archevêque de Rouen. Ces réunions solennelles avaient toujours lieu dans de vastes édifices, et nous ne voyons pas où l'on eût pu en trouver d'autre convenable à Lisieux. Suivant une tradition *constante* et *immémoriale*, le pontife profita de ces circonstances pour procéder à la dédicace de sa basilique, et c'est alors qu'il obtint les reliques de saint Ursin de Bourges, dont nous aurons occasion plus loin de nous occuper (1). Dans le silence des chroniqueurs contemporains, nous devons enregistrer cette tradition, acceptée, du reste, par les *Actes anciens ou histoire des Archevêques de Rouen*, qui dit d'une manière positive : *in Lexoviensi ecclesia ab episcopatu eum destituit* (2). La liturgie célébrait cette dédicace le 8 juillet, sous le rite solennel, avant que M. de

---

(1) *Vies des SS. Patrons du diocèse de Lisieux*, p. 180 et 181. — L'église de St-Nicolas-de-Bari, en Italie, fut terminée en 1097 et inaugurée par la réunion du concile de Bari, auquel assista le pieux et savant Anselme, archevêque de Cantorbery (Voyez Dantier : *Les Monuments normands en Italie et en Sicile*).

(2) *Recueil des Hist. des Gaules et de la France*, tome XI, p. 70.

Matignon n'eût fixé à ce jour la fête de S. Léonor, son patron.

Mais à peine avait-on pu jouir du nouveau sanctuaire qu'il faillit être anéanti par un fléau terrible et imprévu. C'était en 1077, le dimanche avant la Nativité de saint Jean-Baptiste. On célébrait, le matin, les mystères de la sainte messe, et un prêtre mitré, nommé Herbert, se trouvait à l'autel, quand parut tout à coup une lueur éclatante, suivie à l'instant d'une forte détonation. C'était la foudre. Elle brisa et renversa la croix qui surmontait la tour, descendit dans l'église, atteignit le crucifix, lui frappa les pieds et les mains, en arrachant d'une manière singulière les clous de fer, puis un brouillard épais aveugla l'assistance épouvantée; la flamme étincelante parcourut l'édifice et tua huit hommes et une femme, répandant partout la plus fétide odeur (1). Heureusement le feu du ciel n'occasionna pas d'autres désastres.

Quelques jours plus tard, le 16 des calendes d'août, c'est-à-dire le 17 juillet, Hugues d'Eu mourait, après 27 années d'épiscopat.

Son troisième successeur, Jean (1107-1140), fit quelques additions : *ecclesiam suam ædificiis adauxit*, suivant D. Bessin, ce que répètent les auteurs de la *Gallia Christiana* avec plus de détails. « Hic (ut habent chronica Normanniæ, p. 979) multum episcopalem sedem ædificiis et ornamentis accrevit. »

Mais notre cathédrale n'avait reçu tant d'embellissements, n'avait échappé au feu du ciel, que pour

(1) Ordéric Vital, livre V.

s'abîmer dans le feu allumé par la main des hommes. En 1136, Geoffroy, comte d'Anjou, prétendant, par sa femme, à la succession de Guillaume le Conquérant, envahit la Normandie. L'évêque lui ferma ses portes, bien qu'il eût été le principal instigateur de son mariage avec l'impératrice Mathilde. Le jour de la fête de l'archange saint Michel, d'après Ordéric Vital, l'armée ennemie se présenta pour assiéger Lisieux. Comme elle pressait vivement la ville, Galeran, comte de Meulan, et quelques autres chevaliers normands qui s'y trouvaient, laissèrent Alain de Dinan pour la défendre, avec une forte garnison, et sortirent afin de faire diversion..... Les Bretons et les autres soldats chargés de la défense, ayant vu de loin la multitude des ennemis, craignirent de succomber sous le nombre et mirent le feu à la place qui leur était confiée. Elle fut entièrement dévorée par les flammes, et l'église ne fut pas épargnée. Les Angevins ne purent, telle était la violence de l'incendie, s'approcher des remparts, ni livrer aucun assaut ; ils tournèrent bride et gagnèrent le Sap (1).

(1) Ordéric Vital, livr. XIII, t. V, p. 69 et 70 de l'édition de M. Aug. Le Prevost. Paris, 1855.

CHAPITRE III.

CONSTRUCTIONS D'ARNOULT, 1141-1182.

En montant, six ans plus tard, sur le siège épiscopal, Arnoult n'eut donc à prendre possession que d'une église en ruines et d'un palais en cendres ; mais quand il se démit, en 1182, de sa dignité, il avait relevé tous ces débris et laissait à son successeur une église et un magnifique palais : *Ecclesiam et pulcherrimas domos*, dit Robert du Mont (1).

Arnoult était Normand, fils de Hardouin de Neuville, puissant seigneur des Marches, suivant Odolan-Desnos (2). Il fit ses études à Séez, dont son frère aîné était évêque ; puis il alla à Rome s'initier au droit canon. La position élevée de sa famille l'appela de bonne heure aux hautes fonctions ecclésiastiques.

Dès 1143, il s'occupa de la réédification de sa cathédrale ; on en a la preuve dans une lettre écrite par lui au pape Célestin II, pour le féliciter de son élection. « Venissem autem ad vos nisi circa confirmandam mihi recentem novi principis gratiam et

---

(1) *Append. ad Sigebertum*, an 1182 (voyez *Gallia christiana*, t. XI, col. 649).

(2) *Mémoires sur la ville d'Alençon*, t. I, p. 259.

resarciendas ecclesiæ et domus nostræ ruinas.......
gravius occuparer (1). »

Il réalisa son voyage au tombeau des Apôtres en 1145, prit la croix, à Vezelai, en 1147 et, après la malheureuse issue de la croisade, rentra en France, probablement dans le courant de l'année 1148. Le 18 mai 1151, Henri II, comte d'Anjou et depuis roi d'Angleterre, dont Arnoult et sa famille avaient les faveurs, épouse à Lisieux Éléonore, la répudiée du roi de France. En 1154, notre prélat assiste au couronnement du roi, et peu après fait un second voyage à Rome. Plus tard, il remplit les fonctions de légat du pape pour la France, la Normandie et l'Angleterre, et se trouve mêlé aux dissentiments de saint Thomas Becket avec son souverain. Il a de nombreux rapports avec Suger ; cependant on ne le voit pas figurer parmi les prélats appelés à la solennelle dédicace de l'église de St-Denis. La fin de son épiscopat est remplie par des luttes ardentes avec le chapitre, qui amenèrent, en 1182, sa démission.

Arnoult n'employa certainement pas en bâtisses les quarante-une années de son épiscopat. Tâchons de serrer de plus près les dates, s'il est possible ; la question offre d'autant plus d'intérêt que M. Vitet, après lui M. Viollet-le-Duc, et tout récemment M. Renan, dans les *Prolégomènes de l'histoire littéraire de la France*, XIVᵉ siècle, se sont plu à placer l'origine du style gothique dans l'Ile-de-France et vers 1150. Le dernier même ajoute qu'en Normandie, en

(1) Voyez la *Gallia christiana*, et le Dʳ Gilles, *Arnulfi Lexov. episc. epistolæ*. *Oxonii MDCCCXLIV*, p. 83.

Lorraine, en Flandre, ce style fut *introduit à une époque relativement moderne* (1).

Laissons de côté les deux premières années pendant lesquelles le prélat avait à traiter avec le comte Geoffroy d'Anjou, détenteur du temporel de l'évêché, qui se vengeait, par cette saisie, de n'avoir pas été consulté lors de l'élection. La lettre au pape, citée plus haut, montre qu'à peine tranquille, ce fut sa première pensée et qu'il était à l'œuvre dès 1143. L'examen de l'édifice indique une exécution rapide ; les lointains voyages de 1145, 1147 et 1148 ne paraissent donc pas avoir apporté d'entraves aux travaux. D'un autre côté, il convient de ne pas retarder, au-delà de l'origine des démêlés avec le chapitre, le complet achèvement de la cathédrale, puisque c'est l'argent employé à cette œuvre qui en est en grande partie l'objet. S'ils avaient encore été en cours d'exécution, ils auraient été par là inévitablement suspendus. Or, ces démêlés commencèrent dès le règne du pape Alexandre III, dont l'avénement remonte à l'année 1159, et dans une lettre au pape Luce III, son successeur, peu de temps après son couronnement, c'est-à-dire en 1181 ou 1182, Arnoult établit que la cathédrale est entièrement terminée et qu'il y a dépensé des sommes très-considérables de son propre : *Duodecim millia librarum* EXSTANTIBUS ÆDIFICIIS *impendisse, ipsamque ecclesiam episcopalem ex parte sumptibus meis et acquisitionibus innovatam* (2). »

(1) 2ᵉ édition, 1865, t II, p. 224.
(2) J.-A. Gilles, *Arnulfi Lex ep epistolæ*, p. 221, lettre 71.

D'autres constructeurs de cathédrales furent, comme Arnoult, en butte de la part de leurs chapitres à des accusations de dilapidation. Citons, entr'autres, Barthélemy de Vir, à qui on doit la cathédrale de Laon (1).

Dans une autre lettre, classée la 59e par le docteur Gilles, l'évêque de Lisieux se plaint à Baudouin, évêque de Noyon, de certains prêtres de son diocèse qu'il avait employés à faire des collectes et à former des associations pour la réédification de son église, et qui s'étaient enfuis en laissant leurs dettes à sa charge (2). Deux prélats du nom de Baudouin se sont succédé sur le siège de Noyon, Baudouin II de Boulogne, de 1148 au 4 des nones de mai 1167, et Baudouin III, mort en 1174 et inhumé à Ourscamp. C'est à ce dernier, selon les auteurs de la *Gallia Christiana,* que la lettre serait adressée (3). Rien ne le prouve; mais nous pouvons faire cette concession. En supposant qu'on construisît encore en 1174, nous n'en avons pas moins la conception de l'architecte, qui jetait les fondations en 1143; car le monument ne présente aucune modification de style, se trouve parfaitement homogène dans toutes ses parties, sans le moindre tâtonnement, et appartient au style ogival de transition. D'où il semble résulter un démenti au système de MM. Vitet et Viollet-le-Duc. La première pierre de la cathédrale de Paris

---

Cette lettre n'est pas dans Turnèbe; mais D. Dachéry l'a donnée dans son *Spicilége*, t. II, p. 482.

(1) *Compte-rendu du Congrès archéologique de 1844*, p. 252.
(2) Page 202. L'édition de 1585 donne aussi cette lettre.
(3) T. IX, col. 1004.

n'a été posée qu'en 1163, par le pape Alexandre III, et son achèvement n'a eu lieu qu'après 1182. Or, le style de notre église est aussi caractérisé, aussi ferme que celui de Notre-Dame de Paris ; il est en avance sur Noyon, bâti par Baudouin II, sur St-Spire de Corbeil, fondé en 1144. Logiquement, on est bien forcé de conclure que la Normandie n'est pas restée en arrière sur l'Ile-de-France pour l'adoption du style gothique. Nous avons du reste pour nous l'autorité incontestable du savant M. Parker, d'Oxford : « Pour lui, disait-il à Carcassonne, en 1868, il pense qu'à la fin du XII° siècle l'Angleterre d'alors, c'est-à-dire l'Angleterre avec ses provinces continentales, était en avant de l'Ile-de-France (1). »
M. Robert Lévy, architecte, traitant la même question dans un mémoire très-substantiel communiqué au Congrès archéologique de Strasbourg, en 1859, écrit à son tour : « Tout le monde s'accorde à reconnaître que c'est la France septentrionale qui a produit les premiers monuments de ce style. Les Normands qui s'y établirent en ont été les premiers promoteurs. Ce fut dans la Normandie que, pour la première fois, l'ogive s'était montrée intimement liée aux formes de l'église chrétienne, de la basilique (2). »

M. Renan lui-même admet le fait. « L'Angleterre eut des églises bâties dès le XII° siècle, *mais par des Français.* » Et il cite Guillaume de Sens, appelé pour bâtir le chœur de la cathédrale de Canter-

---

(1) *Compte-rendu du Congrès archéologique de 1868*, p. 81.
(2) *Compte-rendu*, p. 163.

bury (1). L'objection est plus spécieuse que réelle. En se reportant aux dates, la fondation des édifices anglo-normands précède celle des monuments français à date certaine ; il resterait donc que les Normands comprirent, mieux que leurs compatriotes, les inventions nouvelles des architectes du domaine royal et les adoptèrent les premiers. La théorie de MM. Vitet et Viollet-le-Duc n'est donc pas incontestable. Elle trouve tout au moins une exception dans le monument dont nous faisons l'examen.

(1) *Hist. litt.*, t. II, p. 226, du Discours sur les beaux-arts.

CHAPITRE IV.

ADDITIONS DU XIII° SIÈCLE.

Suivant Masseville (1), la cathédrale de Lisieux fut augmentée et achevée vers la fin du XII° siècle par l'évêque Jourdain du Hommet. Pourtant l'œuvre d'Arnoult était parfaite, et il est difficile de s'expliquer quelles causes ont pu y faire apporter des modifications assez considérables pour que les documents écrits en fassent mention. L'historien du XVII° siècle avait sans doute tiré ce fait d'un opuscule, de nos jours introuvable, dont j'ai eu la bonne fortune de rencontrer un extrait, précisément relatif au temps qui nous occupe, dans les archives de l'hospice, au milieu d'un dossier de procédure. J'en donne la copie textuelle :

« Extrait d'un petit traité intitulé : ORDO ET SERIES
« EPISCOPORUM LEXOVIENSIUM, ce qui en suit, page 57. »

« 22. Jordanus de Humeto ob præclara gesta, vir-
« tutes et eleemosinæ magni nomen consecutus,
« electus anno 1181. Ecclesiam reædificavit, 10 cle-
« ricos in ecclesia instituit, 1208. Contra Albigenses
« dimicat, 1212, cum episcopo Rigonensi. Multa
« beneficia et decimas capitulo Lexoviensium 1215

___
(1) Tome II, p. 213.

« largitur. Domum-Dei 1218 dotat; dicat et perficit
« ecclesiam 1219. Moritur in expeditione Hierosoli-
« mitana v. 1220, ibique de morte per mortem
« defere triumphat. »

La première date est fautive : deux évêques s'interposent entre Arnoult et Jourdain, qui ne monta sur le siége épiscopal qu'en 1202. Rien ne vient contredire les autres. En tout cas, les travaux de la reconstruction doivent se placer entre les années 1208 et 1219, année du départ du prélat pour la Terre-Sainte, où il mourut.

En 1226, sous Guillaume du Pont-de-l'Arche, le feu vint une troisième fois ravager la cathédrale ; mais le désastre ne fut que partiel, et en 1233, moins de sept ans après, le pontife fondait les chapelles de St-Ouen, de St-Gilles et St-Leu, tandis que son frère dotait, de son côté, celle de St-Ursin.

Il n'est fait mention d'aucuns travaux pendant le reste du siècle. Quand Odon Rigault, archevêque de Rouen, visita Lisieux, en 1249, le 12 des calendes de février (1), il fut reçu par le chapitre *cum processione et ecclesia parata*. L'évêque était absent depuis plus d'un an. Si l'église avait alors été l'objet de quelques travaux, il n'aurait pas manqué d'en prendre note ; le soin qu'il apporte dans le compte-rendu de ses visites et d'autres exemples doivent en rendre certain. Dans le chapitre qu'il tint au palais épiscopal il ne fut parlé que de choses de discipline intérieure (2). Le 8 des ides de janvier 1257 (jour de

---

(1) 21 janvier 1250, nouveau style.
(2) Voyez le Registre des visites, étition de M. Bonnin, p. 61-62.

l'Épiphanie 1258), il revient de nouveau, fait procession dans l'église et y prêche les chanoines ; puis il célèbre la grand'messe avec pompe. « Quo facto, « canonicis et domino episcopo congregatis in reves- « tiario, quo utuntur loco capituli, quia aliud capi- « tulum non habent, visitavimus eos (1). » Le 2 des nones de janvier 1267 (2), il passe une troisième fois à Lisieux, est reçu sous le porche, prêche les chanoines dans le chœur, *in latino*. Il ajoute : « Inquisito autemque statu ipsius ecclesiæ, invenimus per Dei « graciam, ipsam in bono statu existere et spiritua- « liter et temporaliter, et nichil in ea vice illa cor- « rectione dignum. »

Nous n'avons pas été assez heureux pour découvrir d'autres documents où il soit parlé de notre église au XIII° siècle.

Nous espérons pourtant réussir à déterminer la part de chacun des deux prélats dont nous venons de parler, dans les constructions assez notables qui appartiennent à ce siècle, malgré le peu d'intervalle qui les sépare l'une de l'autre et la similitude du style.

(1) M. Bonnin, p. 296.
(2) 4 janvier 1268, n° s.

CHAPITRE V.

RUINES.

Les historiens se taisent pendant un siècle environ. Il n'est pas possible d'admettre cependant qu'en ce laps de temps, la cathédrale n'ait subi aucune modification. Les invasions anglaises avaient deux fois traversé la ville épiscopale. C'est à Lisieux qu'en 1346, le roi Édouard reçut les légats du pape chargés de lui faire des propositions de conciliation. Évacuée par ses habitants, elle avait été occupée sans résistance ; mais, en 1356, le duc de Lancastre dut l'emporter de vive force.

Quelques années plus tard, de 1360 à 1369, Adhémar Robert, puîné de la famille de Mure de Saint-Jal, en Limousin, occupa le siége de Lisieux avant de devenir cardinal. S'il ne fit pas de notables travaux à la cathédrale, tout au moins il en constata l'urgence. « Son église menaçant ruine, dit Fr.
« Duchesne (1) par la fracture de ses piliers, voûtes
« et murailles, rupture de ses vitres et de ses toits,
« en sorte qu'elle étoit sur le point de tomber, il
« accorda des grandes indulgences à ceux qui con-

---

(1) *Histoire de tous les cardinaux françois de naissance*, t. I, p. 505.

« tribueroient de leurs biens pour des réparations si
« importantes et si nécessaires. » Le chapitre l'autorisa, en 1367, à établir un tronc à l'entrée du chœur pour recevoir les offrandes des fidèles, *ad reparandam minitantem ecclesiam* (1). Nous avons eu la bonne fortune de retrouver aux Archives du Calvados, fonds de la *Fabrique*, un *vidimus* de l'acte qui intervint. C'est le plus ancien document original dont il nous soit donné de faire usage. A ce titre et vu son importance nous le transcrivons ici intégralement. C'est à lui que Duchesne a emprunté textuellement ses renseignements, et ceci donne toute confiance pour puiser dans son intéressant ouvrage.

« Extraict d'un grand livre cartulerre escript en parchemin couvert de bois et relié de cuir encheiné d'une cheine de fer dans le chapitre de l'église cathedralle de Lisieux, commenceant au premier feuillet : Secundus Liber Cartarum ; au feuillet cinquante huictiesme, page premiere et seconde page d'iceluy a este extraict ce qui ensuit : »

« Vniversis præsentes litteras inspecturis nos Adhemarus permissione divina Lexoviensis Epūs ac non Decanus et Capitulum ecclesiæ Lexovien. in Domino salutem. Cum ecclesia Lexoviensis reparatione quasi inestimabili indigeat, tam in muris, piliaribus, voltis, cooperturis et vitreis multis ac quam pluribus reparatione et quasi continuis egeat sustentationibus sumptuosis et nisi provideretur de remedio opportuno, posset in ea, ruina major, quod esset doloro-

---

(1) *Gallia christiana.*

sum et lamentabile, evenire. Ne delabatur dicta
ecclesia sed ut potius ad divinum cultus augmentum
continuum in suo et perpetuo conservetur, sunt
indulgentiæ magnæ concessæ omnibus Christi fide-
libus qui manus in prædictorum usus pios porrexe-
runt adjutrices. Ea propter nos Decanus et Capitulum
prædicti volumus et per præsentes concedimus quod
dictus Dominus Episcopus, successoresque sui possint
facere et tenere indulgentiis ibi durantibus, ante
ingressum chori unum truncum, sive catam seu
arcam ferratam, in quibus oblationes fidelium repo-
nentur et claves illorum truncorum per gentes dicti
episcopi successorumque suorum teneantur et per
eos oblationes in futurum ibidem faciendæ recipian-
tur; cum aliis idem Dn̄us Episcopus ad dictas repa-
rationes faciendas adstringatur. Et nos Ademarus
episcopus prædictus volumus quod ob prædicta dictis
decano et capitulo nullum in aliis præjudicium ge-
neretur. In quorum omnium et singulorum testimonium præsentes litteras scribi mandavimus per
notarium publicum infra scriptum et nostrorum sigillorum fecimus appentione communiri sigilloque
publico et subscriptione ipsius notarii signari et
subscribi ad majoris roboris firmitatem omnium
præmissorum. Datum et actum Lexoviis anno Dn̄i
millesimo CCC sexagesimo septimo Indictione sexta,
mensis octobris die vigesima septima, pontificatus
sanctissimi in Christo patris et domini nostri Vrbani
divina providentia papæ quinti anno quinto, presen-
tibus una nobiscum et dicto notario publico infra
scripto venerabilibus et discretis viris Dn̄o Abedino
de Fienis et Joanne Guerbette in dicta Lexoviensi

ecclesia beneficialis cum aliis testibus ad præmissa specialiter vocatis et rogatis et ego Petrus Rosti clericus Constantiensis diæcesis publicus auctoritate apostolica et imperiali notarius præmissis omnibus et singulis sic actis et dum prout supra scribuntur die dicta per dictos dominos decanum et capitulum, et die vigesima octava octobris per dictum dominum episcopum agerentur una cum prænominatis testibus vocatus presens fui eaque de ipsorum mandato propria manu scripsi in præmissorum testimonium hic me subscribendo signum meum publicum una cum ipsorum dominorum Episcopi, Decani, Capituli appensionem sigillorum inferius appensorum apposui requisitus specialiter et rogatus..... horum verborum die dicta in præsenti scriptione mea factus ex dicta scientia approbo. » Collaõn faicte signé Taupin et Bellot deux saings ou paraphe.

« Collaõn faicte dud. extraict sur led. livre cartulaire enchainey d'une chaine de fer dans le chappittre de l'eglise cathedralle de Lisieux, par les tabellions de Lisieux soubz signez, ce jourd'huy vingt troisième de juing mil six cents trente sept, exhibé par noble et discrette personne Mᵉ Pierre Hue, pᵇʳᵉ, chanoine prébendé de Paisnel en lad. eglise cathedralle, comme stipullant le faict de Messire André de Bigardz, conseiller et aumosnier du Roy, hault-doien dud. Lisieux, et icelluy demeuré dans led. chappittre après lad. collaõn faicte pour valloir et servir aud. sʳ hault doien qu'il appartiendra. »

Hayn.   Hue.   Picquot.

La fin du siècle fut trop tourmentée, trop désastreuse pour rendre possible d'apporter un remède efficace au mal. Si les réparations furent commencées, elles n'arrêtèrent pas le mouvement grave constaté dans la construction. D'un autre côté, au lieu de mettre énergiquement la main à l'œuvre, on chicana sur les voies et moyens. Les historiens font mention d'un procès relatif à cet objet, entre le Chapitre et Alphonse Chevrier, successeur du cardinal. L'arrêt porte la date du 30 novembre 1372; mais, suivant l'usage, il ne satisfît ni l'une ni l'autre partie, et après avoir épuisé les juridictions contentieuses, on en vint au point par lequel on aurait dû commencer, on transigea. En 1376, le doyen du chapitre, Richard d'Harcourt, signa avec l'évêque une convention qui fut vraisemblablement le premier germe de la création de la Fabrique.

A l'origine, les revenus des évêchés, c'est-à-dire les dîmes et les offrandes, étaient indivis entre l'évêque et les chanoines, qui vivaient alors de la vie commune, comme les religieux réguliers. Quand la discipline eut changé, il surgit des difficultés pour la répartition de ces biens, et afin d'y mettre un terme on spécifia qu'ils seraient divisés en quatre parts égales : la première pour l'évêque, la seconde pour le clergé, la troisième pour les pauvres et la quatrième pour l'entretien et la réparation des églises. Cette proportion était basée sur les décrets des papes et les canons des conciles. Cependant, en France, les règlements des rois mérovingiens y apportèrent des modifications. Le Capitulaire de 816, de Louis le Débonnaire, établit le partage par tiers et laisse l'entretien des édifices du culte à la charge commune de l'évêque et du chapitre. La séparation des biens de l'évêché de Paris fut réglée par le concile de 829 (1). Fréculph, évêque de Lisieux, y assistait, et il est fort possible qu'à son retour il ait, lui aussi, procédé au partage d'après les mêmes bases. Quoi qu'il en soit, les démêlés d'Arnoult avec son chapitre, à la fin du XIIe siècle, ceux d'Adhémar Robert et d'Alphonse Chevrier au XIVe, prouvent qu'il n'y avait pas à Lisieux de fonds spécial pour l'entretien de la cathédrale. C'est seulement vers 1385 que l'évêque Guillaume d'Estouteville et le chapitre, reconnaissant la nécessité de pourvoir aux réparations toujours retardées, malgré leur urgence, se mirent d'accord pour nommer une administration spéciale à cet objet, sous le nom de Fabrique. La dotation s'établit moyennant la constitution par le chapitre de 30 livres de rente. L'évêque donna le fief aux Hue, situé au Mesnil-Guillaume, et la dîme de Villers, estimés ensemble à 60 livres. Total 90 livres. Le *fabriquier* rendait compte chaque année de ses recettes et mises; mais le plus ancien compte conservé aujourd'hui n'est que de 1424. Rien ne nous a mis à même de combler la lacune regrettable de ces trente-neuf années. On va voir quelle ressource offrent ceux qui subsistent.

(1) *Cartulaire de N.-D. de Paris;* préface de M. Guérard, p. xl et lxiij.

CHAPITRE VI.

RESTAURATIONS DU XVe SIÈCLE.

Les guerres, en général, ne sont pas propres aux travaux artistiques; celles des règnes de Charles VI et de Charles VII n'ont point fait exception. En vain attribue-t-on en Normandie la construction d'un grand nombre d'églises aux Anglais : l'archéologie a démontré victorieusement l'erreur. Ils avaient autre chose à faire que doter de monuments coûteux des populations hostiles et frémissantes sous le joug. Cependant, Lisieux doit à Pierre Cauchon, intronisé par le pape Martin V, le 4 des calendes de février 1430, sa belle chapelle de la Vierge, *Sacellum beatæ Mariæ virginis ædificaverat* (1). Celle qu'elle remplaçait avait été ruinée par les faits de guerre, ainsi que les parties avoisinantes. Nicolas de Savigny, doyen du chapitre, voulut contribuer aux dépenses et légua pour cet effet 60 livres. « Legavit 60 libras ad construendam capellam B. M. bellorum tempestate funditus eversam et a Petro episcopo cum magnis sumptibus ædificatam (2). »

(1) *Gallia christiana*, t. XI, art. P. Cauchon.
(2) *Ibidem*.

Branda et Zanon de Castiglione, les prédécesseurs de Cauchon, n'étaient pas non plus restés indifférents à l'état précaire de la cathédrale. Le compte-rendu par le fabriquier Jacques Guérard, pour les années 1424 et suivantes, jusqu'à Pâques 1426, constate les tentatives faites pour arrêter le mouvement alarmant de la lanterne du transept. Il paye à Pierre Le Gautier, maçon, 15 sous pour trois jours employés « pour fourmer vn petit pillier qui est dessoubz la grosse tour en coing », et son varlet reçoit 7 sous 6 deniers. Un nommé Paris fournit « vn cent de la pierre de la Boue aloué à lui en tâche » à raison de 40 livres (1). Elle fut apportée à pied d'œuvre par Pierres Morin, avec un autre demi-cent qui se trouvait probablement déjà prêt dans la carrière. On achète ou on prend dans les bois 46 chênes et 18 trembles, plus « vn tort quesne du boys de Roques pour faire les roës », c'est-à-dire les machines à élever les matériaux. Johan le Grant, charpentier, s'occupe, pendant la semaine de St-Romain (2), à « doler xv quesnes pour faire des grosses aiz et des solles pour soller vne estage de la grosse tour. » Ce travail se prolonge jusqu'à la Toussaint.

« Item. Apres toute la carpenterie deuant escripte fut alloué a Johan Legrant a leuer et a faire toute la carpenterie necessaire dessus le cueur de l'eglise par le prix et sōme de cent lb. tourn. laquelle besoingne il a faicte et deubment. Et aussi est paye de lad.

---

(1) La Boue ou La Bove était un fief du chapitre situé dans la banlieue de Lisieux, sur la paroisse St-Désir.

(2) Saint-Romain est le 23 octobre.

besoingne cest assauoir de la sõme deuant dicte de cent frans et apres sa tache faicte lui fut ordonné de par mons\`. leuesque et par mess\`\`. de chapitre a lui donner cent soubz lesquellez sommes de cent liures et de cent soubz tourn. je lui ay payés (1). »

Cette somme est considérable et pourtant il s'agit seulement de main-d'œuvre, car nous avons vu tirer les bois des propriétés du Chapitre et de l'Évêque. La tâche consistait à relier par de fortes membrures, par *des trefz* garnis de clefs à leurs extrémités, les deux murs latéraux du chœur, dont on craignait probablement la poussée. Pierre Legautier passa dix jours « pour faire x pertuis en la machonnerie dessus le cueur en quoy sont boutés les corbeaux qui sont au bout des trefz. » On fixa ces corbeaux avec dix grosses chevilles de fer ; on employa, en même temps, « xl petites cheuilles de fer pour cheuillier les haulches de dessus les querons », et il fallut à Pieffort, couvreur, trente quatre jours pour « recouurir partout sus l'eglise », avec l'aide de son varlet.

En ce temps la tuile valait 6 livres le millier, les *noes* 5 deniers la pièce, les *festiers* 15 deniers.

Mais nous n'avons évidemment qu'un point du grand travail qui s'accomplit alors pour réparer les ruines constatées en 1367 et aggravées par les guerres. La nef porte encore des traces de réparations qui doivent se rattacher à cette date. L'absence des comptes des vingt-cinq années subséquentes et de

(1) Compte de Jacques Guérard, Archives du Calvados. — Lisieux, *Cathédrale*.

tous autres documents susceptibles de les suppléer nous empêche de suivre pas à pas, comme nous l'aurions voulu, cette réparation sans fracas, exécutée par des hommes dont le nom aurait mérité d'être mieux connu de la postérité, bien qu'ils ne soient pas des architectes à diplôme venus de Paris.

Dans les entrefaites, la guerre redoubla d'intensité, les armées se rapprochèrent de Lisieux, la ville dut subir un siége. Une sage capitulation, ménagée par l'illustre Thomas Basin, fit rentrer la cité épiscopale en la possession des rois de France, et peu après les derniers soldats anglais évacuaient pour toujours la Normandie. Avec le retour de la paix, nous trouvons une série de comptes au moyen desquels nous pourrons suivre l'importance des travaux dont notre cathédrale a été l'objet. C'est surtout sur la lanterne qu'ils paraissent s'être concentrés.

Le jeudi 2 mars 1452 (n. s.), « Tassin laisné, carpentier, » travaille « à ediffier deulx establies à ladicte lanterne, l'une du coste senestre de dessus le cueur et l'autre a loposite, qui est dess. la nef. » Le lundi 6 « commencherent les deulx Beroulx, machons, et leur varlet, à tailler les lermiers et enseullements des fenestres de la lanterne de la dicte eglise et y furent le mardi, le mercredi, le jeudi, le vendredi, et le samedi enssuivant. » L'autre semaine y fut également employée jusqu'au vendredi, « qui fut vigille nre Dame, » et on put « assoir lesd. lermiers et enseullements aux fenestres de devers la fontaine Boullante, » c'est-à-dire du côté du midi (1).

---

(1) Compte de Guill. Gueroult, p^{bre} fabriquier, depuis le jo^r

On passa ensuite au côté opposé « deuers la chapelle de mons^r de Lisieux, » et le petit Beroult employa les trois premiers jours de la *semaine Peneuze* « a tailler la pierre po^r lad. lanterne a metre au lieu dessd. » Les fêtes de Pâques suspendirent les travaux, et ce fut seulement le jeudi de Pâques que Tassin s'occupa de dresser les échafaudages « po^r reformer de neufve machonnerie le costé de la lanterne de deuers la chapelle mons^r de Lisieux. » La reprise fut, de ce côté, très-considérable. Pendant que Tassin était employé « à abattre la vielle machonnerie, au pris de iij s. iiij d. par jour de nouveau marché fait avecques luy, parce que voulut lesser lad. besongne s'il n'auoit iij s. iiij d. comme il auoit par toute la ville, » les Beroult taillaient un « demy cent de pierre de moien appareil de la carriere Monsr le Doien por seruir a la dicte lanterne, » et le vendredi 9 juin on fut en mesure de « lier la neufve pierre au cable por la monter hault sur les voultes de dessus les fons, » c'est-à-dire sur la grande voûte du transept nord. Tassin avait passé deux jours « por assoir l'engin et la poullye » au moyen desquels on descendit d'abord « la vielle pierre du hault de la lanterne que on auoit abatue. » Le mardi 20 juin, Beroult « commencha a assoir. » Il travailla quatre jours, jusqu'au vendredi. Il s'absenta pour reparaître seulement le 21 août, qu'il se remit à tailler de la

---

S. Michel iiij^e cinq^{te} et vng jusques a iceluy jour exclud lan reuolu. — Archives du Calvados. Lisieux, cathédrale.

Ce compte a été publié en partie par M. J. Quicherat, dans son *Thomas Basin*, tome IV, p. 199-202.

pierre. Le 4 septembre seulement, il reprit la maçonnerie pour enfin terminer par « tailler de la pierre por fere les tabletes et enseullements des verrières de dessus la nef et de deuers la chapelle de Monsr de Lisieux. » Le jeudi, 14 septembre, on descend les établis des maçons, et les vitriers montent à leur tour pour « rassoir les deulx verieres du costé ou les d. machons auoient besongné. » Beroult fut encore une semaine, du 18 au 23, « à asseoir lesd. tabletes et enseullements es dictes verieres »; la réparation était achevée. Il céda la place à « Robin Jehan, manouurier, qui fut le lundi xxve jor dud. moys et le mardi, mercredi, jeudi et vendredi demi-jor a curer les deulx noes de dessus les chapelles St-Oen et St-Jehan-Baptiste, et hoster les fiens et les vielles nates que on auoit mises dessus, affin que les pierres et le grougin et le mortier qui cherroient de hault de lad. lanterne en machonnant ne feissent pas si grant dommage a la tieulle comme ils eussent peu faire (1). »

En somme, avec quarante-huit jours et demi de maçonnerie, on avait remis en état cette magnifique lanterne, qui fait encore aujourd'hui notre admiration. Et le tout avait coûté 49 livres 15 sols denier obole. Mais, il faut en convenir, Beroult était un maître homme, qui savait son métier, bien qu'il ne revendiquât pas le titre d'architecte.

La campagne était terminée. On se mit « à hoster du cimitière ij^c et demy de pierre et la mestre a couuert po^r la gelee soubz lapentis dudit cimitière » avec un autre demi cent qui restait « en garnison à

(1) Compte précité.

ladicte fabrique », de quatre cents et un quarteron qu'on avait amassés pour la réparation de la lanterne.

Ce fut alors au tour du couvreur, Cardin Rotro. Il eut à employer deux milliers de tuiles « es lieux necessaires comme sur la croisie de dessus les fons et sur les basses voutes dessus les chapelles St-Ouen, St-Nicolas et St-Jehan-Baptiste ou grant nombre de tieulle fut cassée et rompue en abatant la vielle machonnerie de la lanterne. » Il commença le 11 octobre par « la croisie de dessus les fons et les chapelles devant dictes. » Le jeudi 26, il était au côté opposé de l'église « sur la noe du reuestuere et sur le chapitre. » On établit aussi une gouttière de 15 pieds de long « entre la vys de St-Martin et la couuerte des basses voutes », et on la revêtit de plomb, acheté au prix de 10 deniers la livre, chez Jehan Bouchard, plombier à Rouen.

Passons de dix ans, faute de documents. Les derniers mois de l'année 1462 et l'année 1463 revirent quelques travaux. On fit tailler un demi cent de pierre, employé vraisemblablement à refaire l'arc-boutant de dessus la chapelle de St-Ursin, « qui est en danger de cheoir. » On travailla aussi à la chapelle de Toussaint et « au bout de hault de la vys de la longue tor soubz le plancher dou lon sonne les cloches. » Enfin, les maçons Guillaume Le Saunier, Philippot Tessier et un troisième aussi du nom de Le Saunier, passent quarante-neuf jours à réparer des piliers ou contre-forts qui soutenaient le mur du jardin de derrière la chapelle St-Martin.

Pendant ce temps, Guillaume Mareys, charpentier, faisait « une chambre enchassillée en membrure en la longue tour..... en lalée et costé qui tent en la chapelle St-Michel ou sont les orgues. » Les maçons y établirent *une astre*. Cette chambre était destinée aux sonneurs. Ajoutez à cela quelques menues réparations. Le total de la dépense atteignit seulement 66 livres 3 sols 4 deniers. La journée de maçon était augmentée ; au lieu de 3 sols 9 deniers que gagnait Beroult, Guillaume Le Saulnier se faisait payer 4 sols 6 deniers (1).

Les troubles de la Ligue du Bien-Public, un nouveau siége, l'exil de Thomas Basin, durent faire un temps d'arrêt dans les travaux de la cathédrale; car le fameux seigneur du Mont-de-la-Vigne, qui se fit administrateur des revenus de l'évêché, n'était pas homme à s'occuper de pareilles choses.

En 1485, 1486, et 1487, on s'occupe de la nef et de la *haulte tour*, la tour du sud, surmontée encore aujourd'hui d'une pyramide élevée. Il semble résulter de certains termes des documents dont nous faisons l'analyse que cette tour avait besoin d'une prompte consolidation. Le 14 novembre 1486, « maistre Olivier de Nocey pour et ou nom de Reuerend Pere en Dieu Monsr de Lisieux », Etienne Blosset de Carrouges, prête à la fabrique 15 livres « pour icelle somme conuertir ou tiers pillier de bois de la haulte tour, laquelle estoit encommancée. » Le prébendé des Vaux, M° Yves Toustain, donne pour le même objet 100 sols. Encore « de Monsr de Crèvecœur, maistre Florent Bataille », 5 sols « pour six car-

---

(1) Compte de G. Gueroult, de la St-Michel 1462 à pareil jour en un an. Archives du Calvados, Lisieux.

reaulx de pierre blanche, laquelle on a tiré de lad. tour et n'estoit bonne a emploier en auchune œuvre de l'église. »

En effet, dès le 24 octobre, Pelart, charpentier, Jehan Gergault et Guillaume Delarbre, maçons, faisaient la visite de la tour « pour asseoir vng pillier de boys encommancé dedans l'une des fenestres de lad. tour. » C'est la seule fois qu'il est fait mention de Gergault ; il ne prend aucune part aux travaux de l'église. Avec Guillaume Delarbre, c'est Jehan Luce qui mène la besogne.

Le premier fait, en novembre, une journée « en la tierce fenestre de la tour. » Du lundi 12 au 23 décembre, il fait encore cinq journées à la même « tierce fenestre de la haulte tour pour plastrer et renduyre le pillier de boys derrenement fait comprins la maçonnerie a ce necessere. » Le 9 janvier et les quatre jours suivants sont employés, par le même, à cuire le plâtre et à le mettre en œuvre « dedens les fenestres de la haulte tour esquelles on a mys la charpenterie et pilliers de boys. » Pierre Pelart, le charpentier, avait naturellement sa part de la besogne. Il y passe la dernière semaine de septembre 1485 et une partie du mois d'octobre avec deux autres charpentiers, Colin Chirot et Jehan Dendelet. Enfin, le 16 janvier 1486, il procède au parachèvement du fameux « pillier de boys encommancé pour la tierce fenestre de la haulte tour. » Il avait fallu, au surplus, clouer « les aes du dedens de la grant Roe quant elle fut leuée et mise en son lieu dedens la haulte tour », la garnir « des lyens de fer necesseres » qui furent façonnés par Philippot

Couillemar, *horlogier et serrurier*, de St-Jacques de Lisieux. Ce fameux engin ne joue pas un moins grand rôle dans les travaux de notre cathédrale que la grue renommée à Cologne ; et, d'après l'idée que nous nous en faisons, c'est une machine beaucoup plus perfectionnée. Elle servit « pour mettre les cyntres de la charpenterie des fenestres de la haulte tour en leur lieu et place. »

Ce travail, principalement de charpenterie, ne paraît pas avoir été arrêté par l'hiver ; car le 9 janvier, on apporte des arbres pour faire les cintres de la dernière fenêtre. Le mal était grand, en effet, et la catastrophe ne put qu'être retardée par ce système d'étrésillonnements qui ferait honneur à un architecte de nos jours. Aussi n'en résulta-t-il pas une complète sécurité pour l'évêque et le chapitre qui provoquèrent, le 24 mai 1487, une consultation d'hommes compétents, savoir : Jehan Le Meneschier, Jehan Le Saulnier et Thomas Leportier, charpentiers, lesquels tombèrent d'accord « pour faire vne chappe a couurir les cloches et le beffroy et aussy pour faire des anneus es lieulx necessaires (1). »

En même temps, les deux maçons réparaient, à l'extérieur, tout le pourtour de l'église. Guillaume Delarbre passe trois jours, à la fin de septembre 1485, « à cymenter et renduyre les garites, allées et pilliers dessus les chapelles tant deuers le pallays que deuers le cimitière. » Il emploie sept jours « à besoigner dedens vng pillier estant par dehors

---

(1) Compte de Jehan Lebreton depuis le jour et feste St-Michel 1487, jusqu'à iceluy jour 1488.

sur l'autel St-Jehan-Baptiste. » Il y revient encore à deux reprises différentes, et enfin passe trois journées et demi « à taillier la pierre du chapitieau qui soustient l'arche de la voulte estant sur l'autel St-Jehan-Baptiste. » Puis il passe en compagnie de J. Luce au côté opposé et s'occupe, du lundi 28 septembre au jeudi 1ᵉʳ octobre, « tant sur les chapelles vers le cimitiere que aussy a vng pillier prouchain de l'uys de l'église par lequel on va à la librairie. »

Jehan Luce s'était d'abord établi à *la tierce verrière de la nef*, du côté du palais, et avait employé une journée entière « à emplir la vouste de dessus icelle verriere, laquelle estoit entre ouuerte », puis, du 18 au 28 août, il faisait cinq journées et demie tant sur les chapelles vers le palais qu'au pilier ou contre-fort de l'autel St-Jehan-Baptiste, dont la plus grande partie était échue à G. Delarbre.

Enfin, on maçonna un peu à toutes les chapelles, des deux côtés, ainsi que « sur les allées vers le cimitiere que aussy sur la terrasse de la tresorerie » pour finir « à la verrière près le revestuaire. » Avec les arcs-boutants les fenêtres paraissent avoir été le plus en mauvais état.

A partir du 26 septembre 1487, Jehan Luce et Delarbre travaillent chacun trois jours « à la verrière estant dessus luys par lequel on va de leglise à la librairie. » Jean Luce achève cette besogne le 2 octobre et va s'établir à la verrière « estant vis-à-vis des fons en la croisée du cousté des chapelles vers le palays »; mais l'hiver vint arrêter naturellement ces travaux.

Au mois de juillet suivant recommence la campagne. Une autre partie de l'église est alors l'objet de réparations encore apparentes, nous parlons du portail « vers la fontaine bouillante. » Delarbre et Jehan Luce s'emploient de concert, pendant plus de quinze jours, « pour faire l'ensemblement de dessus le portail vers la fontaine Bouillante », puis « à la verrière de dessus le portail vers la fontaine bouillante. » Après, ils se reportent « au bout de la croisée vers le pallays » et travaillent depuis le 19 août jusqu'au 30, « tant au bout de la croisée par dehors vers le pallays que aussi a cousté deuers saint Jehan-Baptiste. » Le 5 septembre, Geoffroy de Sainte-Marie leur aide à « establir et eschaffaulder le piller et arc-boutant estant au dessoubz par dehors l'autel St-Martin », entre la chapelle St-Martin et l'autel St-Jean-Baptiste. Ils y passèrent quatre jours et demi.

Robin Bernard, le couvreur, suivait naturellement les maçons pour réparer les brèches inévitables qu'ils faisaient dans les toitures. On le voit successivement sur la chapelle St-Jehan-Baptiste et sur le bas-côté vers la chapelle St-Martin, puis sur la chapelle St-Taurin, vers le cimetière. On dépense beaucoup de plomb à ces réparations, ceci pourrait faire supposer que les chapelles étaient ainsi couvertes, ou peut-être en pavillon avec des noes latérales, au lieu d'être comme aujourd'hui sous un même comble avec le collatéral.

Le total de ces travaux approche de 140 livres, somme importante. Ils durent se continuer les années suivantes ; mais nous ne pouvons malheureusement pas les suivre, faute de pièces. La *Gallia Christiana* nous apprend seulement que, en 1494, l'évêque Étienne Blosset fit faire des quêtes par le *fabriquier* « pro reparandâ ecclesiâ. »

CHAPITRE VII.

ŒUVRE DU MAITRE-MAÇON GUILLEMOT DE SAMAISON.

Ces travaux continuels n'arrêtèrent pas, paraît-il, le mouvement constaté dès 1367, dans toutes les parties de l'édifice. Il fallut essayer de nouveaux moyens. On procéda tout d'abord à la construction des deux éperons qui flanquent le portail de la rue du Paradis et de l'arc par lequel leurs sommets sont réunis. L'hiver de 1503 suspendit l'entreprise, et, pour obvier à la pluie et à la neige, on fit poser une couverture provisoire.

« Item le dimence d'apres la Purification mil cinq cents troys (1) a Raoul Delafosse, couvreur de chaulme de la parroisse de St-Désir-lès-Lisieux pour paine et despense d'avoir couvert et réparé d'œuvre de couverture de chaulme et rosel sur les pilliers et vis naguères construits et érigés au bout de la croisée, vers la fontaine Bouillant, baillé manuellement la sōme de xiij s.t. pour cc cy.   xiij s. (2). »

---

(1) 1504, nouveau style.
(2) Compotus fabricæ ecclesiæ Lexov. pro tribus annis redditur per executores magistri Joh. Britonis fabricarii. — 1504, 1505, 1506. — Archives du Calvados, Lisieux, cathédrale.

L'année entière se passa dans cet état. Surgit-il des complications inattendues ? Émit-on des doutes sur l'efficacité des importants travaux dont l'exécution était projetée ? Quelque mesquine jalousie locale avait-elle rendu suspect le talent incontestable du constructeur chargé de la conduite de ces travaux ? On jugea opportun d'envoyer, au mois de novembre 1504, à Évreux et à Rouen, M⁰ Marin Jourdain, p^bre, pour « quérir des maistres maçons pour veoir et visiter l'œuvre de l'église. » Il ramena Jehan Cossart, m⁰ maçon de l'église d'Évreux, qui descendit à l'auberge de l'*Écu de France*, et Jacques le Roux, m⁰ maçon de l'église de Rouen, plus grand personnage, ayant son fils pour l'accompagner, qui s'installa « en l'ostellerie de l'*Image Nostre-Dame.* » Ces deux architectes firent un devis et rapport par écrit et reçurent pour leur peine, outre les frais de séjour, M⁰ Leroux *4 escus d'or à la rose*, et Cossart trois.

Au retour du beau temps, les travaux reprirent avec une grande activité. A partir du 3 février 1505 (nouveau style), Thomas Legrant et Pierre Turgis, maçons, paroissiens de la Pommeraye et de St-Germain de Lisieux, sont occupés pendant tout le mois « à tailler partie du pendant nécessaire et à réparer et redifier le bout de la croisée vers la fontaine Boullant. » Le 1ᵉʳ mars, Denis Gosset s'adjoint à eux, « et semblablement pour aider aux charpentiers à leuer les cintres, à retenir les arches de lad. croisée. » Ces maçons gagnaient 2 sols 6 den. par jour. La direction de l'œuvre, fort délicate, était confiée à Guillemot de Samaison, *maistre maçon* de l'église S. Jacques, qui employa quatre journées « auec les charpentiers pour dresser et establir les cyntres de la croisée vers la fontaine Bouill. Et semblem[t] pour ses peines et vacations d'auoir visité par chacun jour lesd. charpentiers pour diuiser et drecer et mercher ausd. charpentiers lesd. cintres de lad. croisée. » C'est lui aussi, en sa qualité de conducteur de l'œuvre de l'église, qui surveille les charpentiers « pour leuer et drecer les establies et cyntres de l'arche de l'entrée du cueur sis et situé sur le pulpitre », et leur donne les épures nécessaires. Les rétributions proportionnelles n'étant pas alors à la mode, l'humble constructeur de St-Jacques se faisait payer prosaïquement sa journée.

Les travaux comprenaient donc tout le bras sud du transept, et les cintres mentionnés plus haut étaient, sans aucun doute, destinés à soutenir les voûtes.

Les trois maçons furent occupés à tailler la pierre jusqu'au 5 avril, puis ils aidèrent aux charpentiers « à leuer et dresser l'establie sise et situé de soubz l'arche du pulpitre », c'est-à-dire l'arc du chœur sous la lanterne. Du 7 au 12 avril, ils maçonnent « entre l'arche de dessus le pupiltre et le cyntre d'icelle. » Simon Desmares, manouvrier, s'adjoint à eux pour monter les matériaux. Du lundi 14 au samedi 19, la semaine est employée « à tailler, asseoir et maçonner en l'arche et dessus la voulte du cueur. » Jean Yvon, manouvrier, remplace Desmares.

A partir du lundi 21, Gosset, « macon principal sous Guillemot de Samaison, maistre de l'œuvre et conducteur », augmente son atelier de deux autres maçons ordinaires, et, après avoir terminé l'arche du chœur, on se met tant « à tailler, asseoir que maçonner et réparer par le hault de la lanterne de tablettes que aussy enduire et reformer les places et lieux necessères. » Les parties supérieures ainsi consolidées, on se reprend « à l'arche du pulpitre », puis « au pillier prouchain du bout du pulpitre situé jouxte l'arche du cueur faisant l'ung des coings et pilliers de la lanterne du costé de la croisée vers la fontaine bouill., lequel a esté reparé par dessus les voultes, tant par dedans que par dehors au-dessus de la couverture. » On arrive ainsi à la fin du mois de mai.

Tout le mois de juin, du lundi 2 au samedi 28, fut employé « en la réparation de l'œuure de la lanterne par dehors du costé hault de dessus le cueur vers orient. » Du 30 juin au 19 juillet on passa « à la réparation de la lanterne de l'église du costé la croisée vers la fontaine bouillante. » Du 21 au 26 on s'occupe du côté de la nef. La semaine du 28 juillet au 2 août se consume à « establir, tailler, rompre et demolir la vielle ruine et demolicion de la muraille par dehors de la lanterne par hault du costé de dessus la nef », et il faut jusqu'au 30 août aux cinq maçons pour « parfaire et acomplir l'œuure de maconnerie de la lanterne japieçà encommencée. » Ils emploient alors jusqu'au 13 septembre en l'œuure de voulte, voulseure et maçonnerie de la chapelle Saint-Jehan leuuangeliste. » Le 15, ils s'occupent de la « réparacion des arches et murailles d'entre le pulpitre et la porte de la croisée vers la fontaine bouillant »; du 22 au 27, de « la muraille et fenestre de la verriere sise et située sur la chapelle St-Jehan leuuangeliste, et aussi establir, rompre et demolir partie de la voulte jouignant à lad. fenestre. » Le 30 septembre, Denis Gosset, Thomas Legrand, Thomas Mignot, Robert Lesuffleur et Pierre Turgis, maçons, avec Simon Desmares, manouvrier, se remettent à travailler « en l'œuure de la voulte de la croisée vers la fontaine bouillant », c'est-à-dire à la travée faisant suite à la chapelle St-Jean-l'Évangéliste.

« Guillemot de Samaison, maistre principal de l'œuvre de machonnerie » continuait régulièrement sa *visitacion*, travaillant dans les cas difficiles « en la compagnie des aultres macons », surveillant « les compaignons de l'atelier, lesquelz il a adressés, instruitz et enseignés à faire leurs points ainsi que la besoigne le requiert. »

Nous pouvons, grâce aux détails précieux fournis par la comptabilité de Jehan Lebreton, les suivre pas à pas et les voir travaillant « à descendre les establies et charpenterie de l'arche sise et située dess. le pulpitre et aussi à maconner en l'œuure de la reparacion de la maconnerie de la croisée vers la fontaine bouillan. du costé de la chapelle Saint Jehan l'Euuangeliste..... et le Reuestiaire..... et au dessus dicelle chapelle ainsi que se pourporte lad. muraille comprins partie de la fenestre prouchaine du bout diceluy cousté..... et paracheuer la fenestre et muraille de la croisée du costé du Reuestiaire et chapelle Saint Jehan l'Éuuangeliste, que aussi naitier vne partie de la vouste sise et située sur jcelle croisée..... naitir les voustes ainsi quelles se comportent..... à rompre, démolir et descendre la voulste de la croisée prochaine de la porte par laquelle on va à la fontaine bouillante dont dessus est faicte mencion..... à parachcuer de uyder, rompre et descendre le reste des pierres et uydenges de la voulste dont dessus est faicte mencion, que aussi à serrer et retirer toute la pierre, laquelle estoit en danger de gelée et la metre en seureté à ce quelle ne gelast. » En effet, on était au 1er décembre. Mais la besogne était sans doute urgente, car l'ardeur ne se ralentit pas; on se met « à taillier partie de la pierre des ogyues de la voulste, laquelle a este rompue et démolie dont dessus est faicte mencion..... à tailler et réparer de maconnerie le pignon et fenestres de la croisée..... à besongner es cyntres et ogyues de la voulte du bout de la croisée vers la fontaine bouillante..... à la réédification et construction de la voulte de la croisée, au paracheuement de la voulte de la croisée nouuellement édifliée du costé vers la fontaine bouill. »

Ce *parachèvement* eut lieu le 11 avril 1506. Il n'avait pas fallu moins de quatorze mois de travail assidu, et, pour suppléer à la brièveté des jours, on travailla à la lueur des flambeaux. Jehan Pierre, chandelier, de la paroisse St-Jacques, fournit six livres de chandelle employées « par les macons soir et matin a veoir à besongner depuys le premier jour ouurable du moys de nouembre juc aujourd'huy... » 13 décembre. La livre de chandelle valait douze deniers tournois.

Alors, on fit venir Laurent Boullaye, peintre, pour faire « vng escusson aux armes de Monsr de Lisieux garni de feuillaige de tous costés en la clef de voulte de la croisée nouuellement édiffiée par la délibéracion, conseil et aduis du Chapitre. »

On en chercherait en vain aujourd'hui la moindre trace. Ce travail d'art fut payé 7 s. 6 deniers.

Cette œuvre importante menée à bonne fin, les maçons s'employèrent, pendant le reste de l'année 1506, « à tailler partie de la pierre nécessaire à la réparacion et réédification d'un arc boutant sis et situé jouxte la chapelle de Toussains, du costé vers le pallays que aussy asseoir et maçonner en icelluy arc boutant. » On y travailla du 16 avril au 25 juillet, bien que l'atelier se soit augmenté le 25 mai, *par l'ordonnance du chapitre*, de « Robin Houssaye, nepueu dud. Gosset, lequel doibt gaigner p. chūn jour juc a vng an ensuyuāt dix den. t. » au lieu de deux sous neuf deniers, prix de la journée pour les autres maçons.

Jusqu'alors les matériaux nécessaires avaient été tirés de la carrière des Loges et de celle de la Bove, cette fois on alla chercher de la pierre plus dure à Manerbe « pour couurir et enchaperonner ledit arc boutant et autres » et on liaisonna les pierres avec un mastic composé « pour vng quarteron de cire, demye livre de poys raisine » qu'on amalgama dans un pot de terre neuf. C'était, du reste, peu coûteux ; le tout figure au compte pour 13 deniers.

Le lundi 27 juillet, on commença « à tailler partie de la pierre requise et conuenable à la réparacion et réédification d'un arc-boutant sis et situé jouxte la chapelle Saincte-Agnès vers le pallays. » Mais deux maçons seulement y travaillèrent d'abord, jusqu'au

14 août. L'atelier ne fut au complet qu'après l'Assomption. Comme pour l'autre on fit des chaperons avec la pierre dure de Manerbe. On y travaillait encore, à la fin d'octobre.

On comprend qu'après de tels travaux de maçonnerie, les couvreurs aient eu fort à faire pour remettre les couvertures en état. Martin Bernard et son fils y sont presque constamment occupés. A la fin de mars 1505, ils couvrent sur le *Reuestuaire* et la chapelle S. Ursin. En avril, vers le palais, sur les chapelles S. Martin et S. Jean-Baptiste, et sur la croisée des fonts. En mai, vers les tours du portail. En juillet, sur la lanterne, le chœur, la chapelle Notre-Dame et le bas-côté avoisinant. En août, du côté de la Librairie et sur la croisée vers la fontaine Bouillante. En septembre, encore sur le Revestiaire et la chapelle S. Ursin.

Guillaume Paulmier et Jehan Tillaye, charpentiers, eurent aussi à intervenir. Il leur fallut dresser « deux couples de cheurons neufz..... au bout de la croisée jouxte la lanterne. »

Une nouvelle lacune dans nos documents nous force à effleurer brièvement les faits relatifs au reste de la première moitié du XVIe siècle.

Le 5 mars 1524, avant Pâques, c'est-à-dire 1525, nous trouvons Denys Gosset, machon, et son fils, de la paroisse de La Houblonhière, « à besongner de leur mestier de machon pour tailler de la pierre du Rondel à reparoir la porte de l'église vers la fabrique. » Il s'agit de la porte sud du grand portail. La journée de Denis est comptée à 3 sols, celle de son fils à 20 deniers seulement. Le travail dura jusqu'au 25, c'est-à-dire vingt jours. On ne fit pas autre chose dans l'année.

En 1526, pas la moindre trace de maçons.

En 1527, on retrouve Denis Fosset et son fils Pierre passant chacun cinq jours, à partir du 21 juillet, « pour tailler les petitz pilliers du portail de l'église St-Pierre. » Ils s'y occupent encore du 4 au 8 août, puis le 31 octobre. Trois toises de pierre dure suffirent à leur besogne.

En 1528, les réparations furent entreprises sur une plus grande échelle. On voit dès le 21 avril « Denys Gosset et son filz, Estienne Estenard, Robin Houssaye et Jehan Petou, tous machons .... faire les rondeaux du portail de l'église vers la fabrique » au prix de 2 sols 6 deniers par jour. Henri Gaillard, serrurier, forge dix-huit crampons de fer pour les « asseoir à vng costé de la porte. »

Le reste de la campagne est consacré à des constructions hors de l'église, aux murs de clôture et au nouveau bâtiment de la fabrique. Ces édifices n'existent plus.

Et cependant l'église n'était pas encore en bon état dans toutes ses parties. La *longue tour,* qu'on avait soutenue et encerclée tant bien que mal en 1486, donne de nouvelles inquiétudes. On appelle de rechef des hommes de l'art en consultation, et le fabriquier inscrit dans son compte cet article :

« Le xxvj° jour dud. moys (de septembre) payé pour le desjuner des machons qui ont fait la visitacion des réparacions nécessaires estre faictes à la longue tour par le commandement de mess^{rs}. vj s. vj. d. »

Ce qu'il advint va faire l'objet du chapitre suivant (1).

(1) Voyez, aux Archives du Calvados, Lisieux, cathédrale, les comptes de Guillaume Deschauffou, de Toussaint 1524 à 1525. — Du même pour les années 1546, 1547, 1548.

CHAPITRE VIII.

CHUTE DE LA LONGUE TOUR.

Enfin la catastrophe, depuis si longtemps appréhendée et conjurée, arriva. La tour tomba, écrasant dans sa chute une partie des voûtes de l'église et les maisons voisines. Tout porte à croire qu'on n'eut à déplorer que des pertes matérielles, car le souvenir ne s'en serait pas effacé, et, au contraire, il nous a fallu faire des recherches nombreuses pour parvenir à constater l'année et le jour. Un acte de 1555 se borne à mentionner la « grande et importable ruine aduenue au mois de mars auant Pasques, l'an mil cinq centz et cinquante trois, que la grande tour de pierre en forme de pyramyde estoit tombée et auoit ruiné, gasté et démoly partie de ladicte église. » Un article du compte de cette année nous paraît indiquer le jour même de l'événement.

« Mise faicte .... depuys le jo^r Sainct-Patrice, xvij^e jo^r de mars mil v^cc liij, tant pour vuider lad. église des matereaux tombez po^r la ruine du clocher que po^r les choses nécessaires à la réparation dud. clocher (1). » C'est donc, croyons-nous, le 17 mars

---

(1) Compte de Pierre Levesque du 1er nòvembre 1553 à même jour 1554. — Archives du Calvados.

1554 qui vit « la grande et importable ruyne. » Si la *Gallia Christiana* indique l'année 1553, elle commet une erreur pour n'avoir pas observé que l'année commençait encore à Pâques.

On ne dut pas perdre de temps pour opérer le déblaiement, il fallait rétablir l'accès dans l'église pendant les fêtes pascales qui étaient proches : Pâques tombait cette année-là le 25 mars. Germain Gabriel, Noël Le Villain et Jehan Vaugueret, charpentiers, André Gosset, maçon, et ses compagnons se mettent à la besogne. Le premier recouvre « sur la grosse tour et costés bas deuers le palais » où il y avait peu de mal, et après avoir un peu besogné à la tour ruinée, André Gosset se met « aulx arcz boutantz vers le pallays. » On s'arrêta seulement à la fin de juin.

Le déboursé en maçonnerie, charpenterie et déblais s'éleva à la somme considérable de 1,102 livres 6 sols 8 deniers.

L'hiver n'est pas une saison favorable pour les réparations, cependant on constate une reprise du travail dans les jours les plus défavorables. En novembre, il est fait quatre jours et demi par l'atelier d'Adrien Gosset, composé de Guillaume et Michel de Samaison, Jehan Estenard, Pierre Morin, Guillaume Houssaye, Estienne Labbey et Yves Gosset. Ce dernier n'était qu'un apprenti, car sa journée est taxée à 2 sols, tandis que les autres compagnons ont 4 sols et le maître de l'œuvre 5 sols. On travailla à la chandelle ; il en passa *dix livres*.

Le 18 novembre, les charpentiers, Noël Le Villain, Guillaume Laloe, Jehan Bagot et Pierre Gruchet, terminent « le comble de la vye de lad. tour et le bas-costé et loge des machons », et Estienne Hallebout, couvreur, emploie vingt sommes et demie de *gleu* pour faire des couvertures provisoires. Il fallait par dessus tout mettre ce qui restait de la tour à l'abri des intempéries.

Pendant ce temps, Jehan Couillement, serrurier, entreprenait de refaire la croix ou *croysillon*, et le 2 mai 1555, Jehan Turemont, maignen, recevait 22 sols 6 den. « por auoir rabillé le coq de la tour. »

L'été de 1555 se passa en préparatifs ; les charpentiers « à faire les chistres », c'est-à-dire les cintres pour réparer les voûtes ; les autres à extraire de la pierre des carrières de Bon-Ange, St-Léger d'Ouillie, les Loges, et enfin de la pierre blanche, pour faire « le pendant des voultes. » Cette dernière était prise à Hermival.

En septembre, on monte les sommiers à grand renfort de bras, et les maçons se mettent avec régularité à l'ouvrage. La reconstruction des voûtes prit les années 1556, 1557, 1558 et 1559. La dépense s'éleva :

    1556. . . 621 livres 6 sous 6 deniers.
    1557. . . 469 » 10 » » »
    1558. . . 250 » 10 » » »
    1559. . . 278 » 19 » 11 »

Une croisée de voûtes revenait à 80 livres environ (1).

La pierre pour faire les *pendants*, c'est-à-dire les

(1) Voyez les comptes de P. Levesque pour les années 1555 à 1557, et ceux de Abel Doynard pour 1558 et 1559 (Archives du Calvados).

arcs ogives et les doubleaux, était fournie à 10 livres le mille, sans doute le mille de claveaux.

Les comptes deviennent moins prolixes, et nous y perdons une foule de détails précieux. Toutefois, nous pouvons constater qu'il fut « le vendredy vij^e jour de juillet mil v^{cc} lix, payé à André Gosset et ses compaignons pour auoir descendu la grue, establies et six sommyers et mys et gencés soubz le bas-costé de aupres la loge aux machons, etc. ix liv. »

Et le jeudi 18 octobre, le même Gosset recevait le solde de ce qui lui était dû. Remarquons, en passant, que ce travail fut fait *à l'aleu*, autrement dit à forfait, et non à la journée, comme on avait procédé jusqu'alors.

Pour subvenir à cette dépense considérable, imprévue et urgente, les ressources ordinaires de la fabrique étaient peu de chose. En dehors de la dotation, assez mince, constituée en 1367, il n'y avait que des recettes éventuelles, comme les dons faits ordinairement par « messeigneurs du chapitre receus en leurs prébendes », le revenu du tronc, produisant dans les bonnes années de 3 à 4 livres en moyenne, quelques legs, des droits de sépulture et d'épitaphe dans l'église. Il fallut se créer des rentrées nouvelles. On sollicita des indulgences ou, suivant l'expression alors consacrée, des *pardons et jubilé* de « notre Sainct Père le Pape, pour la réparation de ladite église. » Ceci produisit en :

1556. . . 218 livres 11 sous 10 deniers.
1557. . . 173   »   14   »   6   »
1558. . . 58   »   18   »   9   »
1559. . .   »   »   49   »   8   »

Enfin, par acte passé le 21 décembre 1555, devant Michel Lailler et Ollivier Carrey, tabellions, M. Philippe de Nocy, mandataire de Jacques, cardinal d'Annebaut, évêque de Lisieux, cède à Jean Osmont, Nicolle de Tillières et Thibaut Thibout, chanoines, pour eux et pour le chapitre, le noble fief de la Couyère, situé à Bonneville-la-Louvet, sous réserve de la tenure des fiefs nobles, à charge de le tenir de la baronnie de Bonneville-la-Louvet. Ce fief avait appartenu à Louis Vipart, écuier, sur qui il avait été confisqué. Le chapitre fait de son côté l'abandon de divers revenus, afin d'augmenter le fonds primitif de la fabrique (1).

Le désastre avait sans doute laissé l'église mal close ; les troubles qui commençaient à se fomenter faisaient, d'un autre côté, surgir d'audacieux coquins qui trouvèrent bon de se fournir de munitions aux dépens de l'église. On enleva plusieurs fois les plombs disposés sur les couvertures des chapelles. Pour y mettre obstacle, on dut faire « deux huys aux deux costés des voultes pour garder les plombz de dessus les chappelles », et Pierre Marays, charpentier, reçut l'ordre de confectionner « vne lucarne du costé du pallectz et apeticey la lucarne du costé de la fabrique..... afin que on ne puisse desrober les plombz desd. dalles » (2).

Nous trouvons peu à relater pour l'année 1560. On « vuide les dalles de dessus les voultes des bas-costez

---

(1) Acte original. Archives du Calvados. — Lisieux. Fabrique de la cathédrale, 1re liasse.

(2) Compte précité.

de l'église » et maçons, charpentiers, serruriers, couvreurs, s'emploient *à édifier la loge au chien de l'église*, qui dut être un petit monument. L'entrée de ce nouveau serviteur dans l'enceinte du temple est bien un signe du temps, où rien n'allait plus être sacré pour les hommes devenus pervers. Dans cette même année, Gyrot Heultes et Symon Petit, couvreurs, passèrent huit jours à clouer sur la tour des ais et des corniers, et on acheta « une pelle (1) de terre pour couurir le comble de la vis du costé de *gloria laus.* »

Estienne, *ymaginyer*, « faict une main à l'ymage sainct Pierre du portail de l'église », réparation payée 3 sols.

Enfin, en mai et juin, puis du 15 octobre au 18 novembre, André Gosset et deux autres se mirent à paver la nef. que la chute de la tour et des voûtes avait dû singulièrement labourer. On retrouve, par intervalles, la mention de ce travail jusqu'au 10 mai 1561.

En juillet suivant, André Gosset et ses compagnons réparent l'arc-boutant de dessus le chapitre ; en septembre, « les lermyez de la grosse tour, lesquels auoient esté rompus et brisés par la ruine d'icelle. » Le 11 octobre, on arrive à la « fin des lermyez et rampereur de dessus la nef entre les deux tours » ; et le vendredi 17, « lesd. machons recommencèrent à taillier du paué et à refaire les pertuys

---

(1) Poële, vase de terre de forme conique, employé à des usages vulgaires.

des paroys des voultes qui auoient esté rompus po^r monster les sommyers. » On les trouve encore dans ces occupations le 30 octobre, jour de la clôture du compte (1).

(1) Archives du Calvados. — Comptes de Abel Doynard pour les années 1560, 1561 et 156*.

CHAPITRE IX.

DÉVASTATIONS DES HUGUENOTS.

Nous sommes arrivés à cette fatale année 1562, qui vit, avec un ensemble surprenant, les Huguenots se précipiter à l'assaut des églises d'un bout à l'autre de la France, les saccageant avec rage et faisant disparaître, dans une dévastation brutale et sans prétexte, des richesses artistiques et historiques incalculables. Les bruits précurseurs de l'orage, des faits arrivés dans des localités assez rapprochées, avaient engagé le chapitre de la cathédrale à prendre quelques mesures de précaution. Elles furent malheureusement trop ostensibles et les ennemis n'éprouvèrent pas de difficulté à les rendre vaines.

Le 11 avril, par le commandement de Messieurs du Chapitre, « fut commencé à monster du caillou aux voultes de l'église, tant haut que bas..... po^r ruer contre les Huguenots. » Quatre hommes s'y employèrent pendant cinq jours sans relâche. On avait acheté pour cela deux « penniers amalle. »

En vertu d'un ordre de MM. de La Pluyère et de Courtonnel, Jehan Couchon va quérir André Gosset à sa maison de la Houblonnière « po^r venir choisir lieu end. chapitre pour cacher la fierte », c'est-à-dire la grande châsse contenant les reliques de saint Ursin. On décida de l'enfouir. Pierre Morin, Jehan Estienne, Girot Heultes et Pierre Vyuier travaillèrent tous quatre pendant un jour et demi à faire une fosse au milieu de la salle capitulaire. Les vidanges en furent portées dehors, ce qui n'était pas très-prudent. Pendant ce temps, Henri Dubosc et Colin Barbey, menuisiers, confectionnent un coffre pour mettre la fierte ; on achète 6 sols de charbon afin de le placer « dessoubz et alentour pour la garder de pourriture. » Le précieux dépôt ainsi confié à la terre, André Gosset et trois de ses compagnons s'emploient à repaver « la fosse de la fierte et asseoir du paué à l'église qui estoit taillé. »

Néanmoins, quatre manouvriers continuent à monter de la pierre aux *haultes voultes*. Cette besogne dura sept jours en tout. Ensuite on boucha soit avec des pierres, soit avec des barres et de la colle-forte, la plupart des portes de service, de manière à en empêcher l'effraction — « les huys de la tour du costé de l'orloge — l'huys de la librairie — celuy daupres l'huys du pallays — l'huys de la fabrique joignant l'huys de la tour. » La veuve Leudet fournit « troys carterons de chandelle pour esclairer aux machons. »

Le 24, Jehan Hesbert, serrurier, « change les gardes de la serrure de l'huys des voultes près la chappelle St-Martin et faict vne clef. » C'était vraisemblablement l'accès réservé aux hommes de confiance chargés de *ruer les pierres* sur les assaillants.

Le 25, Pierre Morin « faict vne fosse nuytamment à costé lestable de la fabricque pour cacher les

relicques, ainsy qu'il auoit esté conclud par mess^rs. »
Ce travail de confiance lui valut un teston de vij sols.

Enfin, on constitua une garde d'une douzaine de gens sûrs pour empêcher les huguenots « d'entrer par force dans icelle esglise », comme ils avaient fait à Rouen et ailleurs. Mais le 5 mai, pendant l'office divin, Louis d'Orbec, bailli d'Évreux, capitaine de ceux de l'église nouvelle, arrive, suivi de sa bande, interrompt les cérémonies, et désarmant prestement les hommes de garde intimidés, les force à se cacher sur les voûtes, d'où ils se hâtèrent de regagner leurs maisons, oubliant leurs promesses de bravoure et les tas de cailloux qui devaient leur servir de projectiles.

Cette première invasion n'occasionna, paraît-il, aucun autre désordre. Les deux jours suivants furent paisibles ; mais de nombreux renforts de gens sans aveu s'introduisirent des campagnes dans la ville par les quatre portes grandes ouvertes, et le 9 mai, surlendemain de l'Ascension, entre neuf et dix heures du matin, la cathédrale, privée de toute garde, fut envahie de nouveau par des hommes armés aussi furieux que des « *chiens enragez* (1). » Les autels et les images des saints sont rompus, ainsi que les coffres, armoires et meubles de la sacristie et de la salle capitulaire. On brûle, au milieu du sanctuaire, les chapes, parements, nappes et ornements. Enfin, et c'était plus profitable aux envahisseurs, ils ravissent les calices, les reliquaires

---

(1) Articles que baillent à justice les chanoines de Lisieux contre ceulx qui pillèrent la cathédrale en 1562.

et tous les objets en métal précieux. Le pillage fut complet.

Si les hommes qui avaient fait de belles promesses de bravoure, effrayés de la première entreprise, observèrent une prudente réserve pendant cette orgie, il n'en fut pas de même des femmes. Sans considérer les risques affreux auxquels elles s'exposaient dans cette bagarre, elles s'efforcèrent, avec intrépidité, de sauver du feu les objets du culte.

Ce sac, digne en effet de *chiens enragés*, dura quatre jours. Les objets cachés ne furent pas découverts; mais leur disparution fut constatée, et pour s'en venger les chefs des huguenots chassèrent les chanoines de la ville, après avoir livré leurs maisons au pillage et surtout vidé leurs caves.

Le sieur de Fervaques, Guillaume de Haultemer, qui s'était attribué le gouvernement de la ville, à l'encontre de toute justice, prenait part à ces excès, bien loin de les réprimer, comme c'eût été le devoir du chef de la force publique; aussi le service divin fut-il interrompu jusqu'à la fin de juin. Enfin, peut-être par le fait d'indiscrétions plus ou moins volontaires, les deux cachettes où les objets les plus précieux du Trésor avaient été déposés furent découvertes et eurent le sort du reste (1).

Dès le 8 mai, après la première tentative, on avait cherché à remettre un peu d'ordre dans l'édifice. Henri Dubosc, Colin Barbey et Jehan Lecarpentier, *menouyers* (menuisiers), se mirent à faire de grandes

(1) Document cité plus haut.

portes au bas de l'église, sans doute pour remplacer celles que les huguenots avaient brisées. En même temps, le 9 juin, il est payé à Hesbert 3 sols 6 deniers « pour avoir refet la serrure de l'huys de la vix des voultes pres S. Martin, faict vne clef, lequel huys auoit esté rompu par les huguenotz affin daller derrober les plombz des dalles desd. voultes. »

Mais la dispersion du chapitre et le renouvellement des excès remirent tout en question. Enfin le droit reprit le dessus, nombre de séditieux arrêtés furent menés par charretées à Louviers, où s'était réfugié le Parlement de Normandie. On ne les fit pas languir. « On trouve chaque jour, en août, en septembre, en octobre, des arrêts qui les envoient à l'échafaud, à la roue, à la potence ; ce sont des hommes du peuple, pour la plupart, des artisans : un Jean Heultes, *marin;* un Jacques Legras, *teinturier;* un Laurent Logier, *charpentier*, sans parler des autres. Ces malheureux avaient été mis en mouvement par de plus grands qu'eux, par un Guillaume de Haultemer, sieur de Fervaques; par un Louis d'Orbec, sieur de Bienfaite, bailly d'Évreux ; par les sieurs de Serquigny, d'Aigneaux, de La Cressonnière, qui, forçant avec eux les portes des églises, leur avaient donné le signal du pillage et du sacrilége. Qu'advint-il, cependant, à ces meneurs qui avaient mis tout en branle? Je vois bien le Parlement de Louviers lancer contre eux des décrets de prise de corps ; mais le principal eût été de les exécuter ces menaçants décrets ; or, les grands coupables qu'ils concernaient avaient su gagner le large, laissant se débattre seuls, avec le bourreau, les simples qui les avaient bien voulu croire (1). »

On put alors vaquer avec méthode au rétablissement de l'ordre. Le 25 juillet, Thoynet Mallays, maréchal, reforgea « les bateaulx de la cloche Nostre Dame et Sainct Jehan rompus par les huguenots. » Le jour Saint-Laurent, 10 août, André Gosset, Pierre Morin, Guillaume Houssaye et Guill. de Samaison, maçons ; Bernard Bonhomme, Pierre Gauvain, peintres-vitriers ; Gyrot Heultes, couvreur, furent mandés pour apprécier « le dommage et ruine faictes par les huguenotz à l'église. »

« Les pierres, boys et ymages prouenus de la ruyne » couvraient l'église, le cimetière et les degrés. Quatre hommes s'occupèrent de tout nettoyer. On recolla, autant que possible, les images. André Gosset s'employa à « remasticquer la tumbe de mess^{rs}. Blosset et Le Veneur », qui avait été violée, tandis que trois autres maçons repavaient le chœur dont les sépultures avaient été fouillées également. On acheta, pour mettre devant le maître-autel, un millier et demi de pavé figuré fourni par Thomas Boscage du Prédauge, à raison de 65 sols le mille. Les maçons travaillèrent jusqu'à la fin d'octobre.

Nous traiterons à part des lutrins, stalles, tabernacles, armoires, autels, clôtures brisés et de leurs réparations. Pour achever de peindre le comble de la dévastation dont, au reste, les révolutions de nos jours nous ont fait voir le tableau, disons qu'il fallut

---

(1) Floquet, *Hist. du Parlement de Normandie*, tome II, p. 432-433.

recourir au fils de Toussaint Delacourt, enfant sans doute souple et fluet qui, moyennant 10 deniers, consentit à « devailler sobz les chaires de mess[rs] po[r] charcer s'il y auoit plus de libures de l'église. »

Peu à peu disparurent les traces du désordre. On commença par rétablir le mobilier; il fallait aviser au plus urgent, et les travaux de maçonneries se trouvèrent complètement interrompus. Les revenus de la fabrique étaient absorbés. La continuation des troubles politiques tarissait plusieurs des sources de recettes. Les comptes ne nous révèlent que quelques menus travaux.

En 1574 seulement, André Gosset, Michel de Samaison et Collas Houssaye reparaissent, du 3 novembre au 5 décembre, « pour besongner à la réparation de la lad. église deuers le costé de la fabricque. » Jehan Gosset et un manouvrier se joignent à eux « pour réparer le pillier qui est près la porte de la fabrique. » Puis on fait soigneusement nettoyer et balayer les dalles remplies de mortier.

En 1575, le 6 juin, on paie 25 sols à André Gosset, « lequel estoyt venu par deux jours tout exprès pour faire visitation des ruynes qui sont aux massonneries de lad. église. » Il passe marché, moyennant 10 sols par jour pour lui et 6 sols pour ses compagnons. L'atelier, composé de cinq hommes et un *journyeur* (1), travaille du 3 juillet au 12 novembre « deuers le pallays aux arboutantz. » On fit venir pour cela 495 pieds de pierre de la Houblonnière.

En 1576, les maçons travaillent toute l'année au

---

(1) Journalier ou manœuvre.

nombre de trois avec un *journyeur*. Il y passa plus de 400 pieds de pierre de la Houblonnière. Malheureusement le fabriquier ne spécifie pas le lieu ; c'était toujours, sans doute, « deuers le pallays. » Nous voyons aussi qu'on répara l'arc-boutant de dessus la chapelle S. Ouen et « l'arc boutant dernyer près la grosse tour. »

On dut également repaver ; car, le 28 janvier, il fut payé 60 sols « à Jacques Boscaige, fils Thomas, de la paroisse du Prédaulge, pour vente et liureson de six centz de paué figuré pour pauer à l'église près la tombe de monsr de la Hourblonnyère (1). »

En 1577, les maçons sont encore régulièrement occupés toute l'année. Le travail dut porter sur les arcs-boutants de dessus les chapelles de S. André et de S. Jehan l'Évangéliste.

Mentionnons, en passant, que le 7 mars Michel Greslebin reçut 2 sols 6 deniers « pour sa peine dauoyr racoustré le bicoquet, tant pour y auoyr mys des pièces près la queue qui estoyt cassée (2). »

En 1578, il fut fait pour 258 livres 17 sols de maçonnerie ; nous ne savons pas dans quelle partie de l'édifice (3).

(1) Compte d'Abel Doynard, de Toussaint 1564, pour un an. Autres du même pour les années 1565 et 1569. — Comptes de Jacques Mygnot, années 1573, 1574, 1575, 1576, toujours commençant à la Toussaint.

(2) Compte de Jacq. Mygnot, de Toussaint 1576.

(3) Compte de Jacques Mygnot pour cette année. Archives du Calvados. Lisieux. Fabrique de la cathédrale.

CHAPITRE X.

RECONSTRUCTION DE LA FLÈCHE.

Enfin en 1579, le 8 mai, les maçons, aidés de Gilles Heultes, commencèrent à dresser *leurs establys pour réparer la tour*. Ce chiffre 1579, surmonté des armoiries du cardinal d'Annebaut, subsiste encore aujourd'hui pour annoncer le point de départ de cette reconstruction. On prend, le 19, chez Jehan Clémence, libraire, « troys feuilles de grand papyer collé pour faire des moulles aux maschons à tailler de la pierre. » Le travail continua toute l'année et la dépense, tant en journées qu'en pierre et autres matériaux, s'éleva à 556 livres 3 sols. André Gosset fit un voyage à Dives pour avoir de la pierre blanche de Ranville. On tira aussi de la pierre de la Houblonnière, du Rondel, de Glatigny, de la Folletière, carrières voisines de Lisieux et situées dans des domaines du chapitre, pour la plupart.

On maçonna avec continuité pendant vingt-deux ans, jusqu'à l'an 1600, avec une dépense annuelle de 1,000 livres à 1,200 livres en moyenne, sous la direction de André Gosset. Il y employa un atelier de cinq maçons, assez régulièrement maintenu au complet. Le détail fourni par les comptes deviendrait monotone et n'est guère instructif. Il est même difficile d'y relever des incidents dignes d'attention.

Les fonds affectés à cette dépense, outre les revenus ordinaires de la fabrique, provenaient du produit de la vente du fief de la Couyère, qui s'éleva à 5,000 livres. Ce fief avait été acquis, le 21 mars 1567, par noble homme Gilles de Saint-Pierre, sieur de Lachy et des Authieulx, chevalier de l'ordre du Roi (1).

Comme on l'a vu, lors de la chute de la tour, elle avait été provisoirement déblayée au niveau du beffroi. Celui-ci n'avait pas été trop endommagé et put être enveloppé d'ais et d'essentes, de manière à former une tour peu élégante, il est vrai, mais capable d'abriter les cloches assez nombreuses composant la sonnerie de la cathédrale. La reconstruction s'opéra autour de cette bâtisse, et chaque hiver, au moment où les gelées, la neige et les intempéries forçaient à quitter la besogne, on raccordait, par une toiture ou un rabat-grain, le bâti intérieur avec la nouvelle maçonnerie. Gilles Heultes, couvreur, et son fils y passent notamment dix-neuf jours pendant l'hiver de 1581-82, et du 10 au 15 mars suivant ils font chacun cinq jours pour découvrir au même endroit, afin de permettre aux maçons de reprendre leur travail et pour leur aider à faire leurs établis.

Le corps-carré fut terminé en 1588 et on posa la balustrade dont nous voyons encore les restes et qui

---

(1) Compte de Jacques Mygnot commençant à la Toussaint 1573.

est nommée vulgairement la galerie des armoiries. On s'explique difficilement aujourd'hui d'où lui vient cette dénomination ; en vain y chercherait-on trace d'emblèmes héraldiques. Pourtant, les panneaux pleins, au nombre de trois sur chaque face, revêtus par le temps d'une teinte grise uniforme, portèrent des blasons aux brillantes couleurs. Un artiste lexovien, renommé en dehors même de son pays natal, logé plus tard au Louvre par le roi Louis XIII, ne dédaigna pas de faire ce travail. Nous transcrivons intégralement les articles des comptes qui le concernent :

« Item payé à M° Marin Le Bourgoys, peinctre, la sōme de vingt-quatre escus sol pour auoir par led. Le Bourgoys painctz plus^{rs} armaries à la tour de lad. église, jouxte son acquit de ce porté en dabte du septiesme jour de januier mil v^c iiij^{xx} ix po^r cy . . . . lxxij livres (1).

« Item le xxiiij^e jour de mars aud. an v^{cc} iiij^{xx} ix payé à M° Marin Le Bourgoys, peintre, la sōme de de quatre escus sol pour auoir par luy painct et estoffey deux armaries pour en la tour de lad. église joux son acquit, pour cy . . . . xij livres (2). »

Nous n'avons pas le compte de l'année 1590. Au mois de janvier la ville rentra sous l'obéissance du roi Henri IV. Nous pouvons supposer que la contribution de guerre imposée aux habitants, la présence des gens d'armes et les faits de guerre qui eurent

---

(1) Compte de Martin Jouen, pbre, du 1er janvier au 31 décembre 1588.

(2) Autre compte du même, du 1er janvier au 31 décembre 1589. — Archives du Calvados.

lieu dans le voisinage interrompirent les travaux ou tout au moins ralentirent leur activité. En 1591, nous retrouvons André Gosset à la besogne avec Jehan Gosset, Michel de Samaison, compagnons, et Jehan Revel, manouvrier. En 1595, ils s'adjoignirent un quatrième compagnon et restèrent toujours au même nombre jusqu'à la fin, c'est-à-dire jusqu'au 23 décembre 1600, jour de la « *perfection de la tour* », où ils reçurent en plus de leur dû 60 sols de *don gratuit* (1).

(1) Archives du Calvados. — Outre les comptes déjà mentionnés, voyez ceux de Jacques Mygnot de la Toussaint 1578, 1579, 1580, 1581 jusqu'au 31 décembre 1582; ceux de Jehan Larchier pour les années 1583, 1585; ceux de Martin Jouen pour les années 1586, 1587; ceux de Michel de Villedieu pour 1591, 1592, 1593, 1594, 1595, 1596, 1597, 1598, 1599, 1600.

CHAPITRE XI.

EMBELLISSEMENTS DE M. DE MATIGNON. — DERNIERS TRAVAUX.

Les documents recueillis par nous, relatifs à la cathédrale au XVIIe siècle, ne nous révèlent qu'un fait notable : les changements apportés dans sa disposition intérieure par M. de Matignon II, de 1677 à 1689 et encore en 1705. Les comptes offrent une lacune jusqu'à cette même année 1677 ; mais on doit regretter médiocrement leur absence. Les perfectionnements introduits dans la comptabilité, en les rendant peut-être plus réguliers et surtout mieux alignés quant à la forme, avaient eu pour résultat de faire disparaître ces énonciations détaillées et naïves dont l'histoire fait son profit. Nous en serions réduits aux indications les plus sommaires, sans un manuscrit trouvé dans des papiers de famille par M. Moisy, notaire à Lisieux, en 1849. Ce journal anonyme, parfois piquant, est dû à un homme parfaitement renseigné, sans doute un chanoine. Il nous paraît mériter toute confiance et nous lui ferons des emprunts utiles (1).

En septembre 1676, nous trouvons Rosné, char-

(1) Ce manuscrit a été publié, en 1875, par M. Moisy dans le *Bulletin* de la Société historique de Lisieux.

pentier, faisant dix-huit jours « au hault de la piramide de la tour. » Dalençon, maçon, s'y emploie ensuite pendant cinq jours. On achète du bois au sieur du Boucheau « pour la réparation des voultes de dessus les chapelles. »

En 1677, on se procure encore du bois pour une somme assez considérable, 317 livres, et Rosné travaille « aux voultes du costé du palais » depuis le 13 juin jusqu'au 28 novembre. Biette et Morin, maçons, besognent aussi depuis le 29 août jusqu'au 5 décembre « aux réparations de l'église. »

En 1678, on fait apporter dix milliers de tuiles, de la pierre, chaux, ciment et autres matériaux « pour travailler aux murailles d'alentour l'église. » Morin, maçon, et ses compagnons y passent depuis le mois d'avril jusqu'à l'hiver. Le total de la dépense s'élève à 240 livres, somme assez importante, quand on sait qu'alors la journée d'ouvrier, base du prix de toute marchandise, était à 4 sols.

En 1679 et 1680, la maçonnerie figure pour des sommes insignifiantes ou fait complétement défaut.

En 1681, les réparations sont portées aux comptes pour 38 livres 13 sols seulement.

En 1682, Rosné, charpentier, fait pour 7 livres d'ouvrage.

De 1683 à 1686, pas de travaux de maçonnerie. Toutefois, en 1685, Messieurs du chapitre font « vitrer tout de neuf le chœur et les ailes de leur église. » « Ils avaient (ajoute l'Anonyme) des desseins beaucoup plus considérables pour l'orner; mais la libéralité de Mons^{gr} n'a pas répondu à la leur, n'ayant rien voulu donner. » Il était trop occupé à moderniser son palais épiscopal. Voici le chiffre des dépenses de cette rénovation d'une utilité contestable :

Durocher, ferronnier, 149 livres 10 sols.

Samson, dit les Limes, serrurier, 376 livres.

Le vitrier, 330 livres.

Deux ans après, en 1687, Monseigneur se détermine enfin à suivre les chanoines dans la voie des embellissements. Son satirique contemporain nous l'apprend en ces termes :

« Il a fait repaver de neuf toute l'église cathédrale, et pour cet effet, on a ôté toutes les tombes qui étaient dans la nef et dans les ailes ; les unes étaient de belle pierre et les autres de cuivre ; elles ont été transportées derrière le chœur et dans la chapelle de Notre-Dame ; mais une bonne quantité de ces belles tombes a été cassée par l'imprudence des ouvriers. L'on a trouvé vis-à-vis la chaire à prêcher un puits très-profond que l'on a laissé en son état, après l'avoir couvert d'une grande pierre. L'on a pareillement ôté les tombes de pierre et de cuivre de plusieurs évêques qui étaient dans le chœur, même un tombeau élevé en bosse contre une des murailles des ailes de la nef, dans lequel on a trouvé les ossements d'un enfant, qui apparemment était de qualité ; le commun s'est scandalisé de ce que l'on a ainsi ôté tous ces tombeaux, en ce que cela ôte la mémoire de plusieurs personnes dignes de considération. »

Une part doit pourtant toujours revenir au chapitre dans la responsabilité de ces ravages, produits par une gracieuseté de Mgr à son endroit.

Ce qu'on mit à la place de ces richesses artistiques et historiques, le goût alors dominant est assez connu pour le faire soupçonner, quand même les comptes ne viendraient pas fournir des renseignements positifs. Des carreaux de pierre blancs et noirs composent le pavage. « Payé au comptable pour le louage de cinq journées de cheval, pour avoir été à la Cambre cherché du paué noir suiuant l'advis de plus^{rs} messieurs du chapitre, cy . . . 5 livres. »

En 1687, on remanie les charpentes des collatéraux. Samson, menuisier, passe vingt-trois journées à 13 sols pour couper les chevrons *devant les vitres de la nef*. On achète des ais et membrures et vingt petits chênes « pour establir aux vouttes » que Henri Picquot se met à plâtrer avec l'aide de Nicollas Bourgeois, manœuvre. Huit mille de tuiles, 93 livres 8 sols de chaux, sable, etc., sont dépensés à ces deux objets. François Samson et Rochey, serruriers, travaillent avec Mercier, vitrier, à la vitrerie pour laquelle on ne dépense pas moins de 666 livres 15 sols, et pourtant, par économie, on va chercher le verre en paniers aux verreries de Conches et de Beaumont. On ne termina qu'en 1688, par les fenêtres de la lanterne.

L'Anonyme constate exactement ces travaux. « La même année (1688), dit-il, Messieurs du chapitre de Lisieux ont commencé à faire blanchir leur église, pour répondre aux pieuses intentions de Mgr l'Evêque qui l'a fait paver de neuf; ils l'ont fait vitrer de neuf en ôtant toutes les anciennes vitres qui étaient fort obscures. »

En 1689, on s'attaque au jubé et on bouleverse la

disposition du chœur. Nous entrerons dans les détails au moment où nous nous occuperons du mobilier. Cet ensemble de travaux fut terminé avec l'année, et M. Le Coq, chanoine prébendé de la 2ᵉ portion de Deauville, rapporta de Rouen, sa ville natale, *quatre paires de brosses*, sans doute d'un genre particulier, « pour nettoyer S. Pierre. » Les 70 sols qu'elles coûtèrent lui furent remboursés par le fabriquier en 1690. Cet homme obligeant mourut à 52 ans, en 1696.

« Le dimanche 11 mars 1691, sur les deux à trois heures après midi, il s'est élevé un grand vent, qui a été si violent pendant deux ou trois heures, qu'il a rompu l'aiguille de fer qui portait le coq de la grande tour de l'église cathédrale, et l'a jeté sur la voûte de la nef, sans faire néanmoins beaucoup de mal, à la réserve de quelques tuiles qui se trouvèrent cassées. Cela arriva pendant les vêpres de la cathédrale, tandis que le peuple était assemblé dans l'église (1). »

Le passage continuel des troupes envoyées en Basse-Normandie, à cause de la guerre avec l'Angleterre; une affreuse disette, suivie de mortalité contagieuse, qui dura pendant les deux années 1693 et 1694, mirent dans l'impossibilité de réparer aussitôt le désastre causé par cet ouragan. Pierre Rosney, charpentier, fit en deux jours le plus urgent « à la tour de l'église, en 1695. Ce fut seulement en 1697 qu'on put replacer le symbole de la vigilance pastorale sur le haut de la pyramide, « après que les

---

(1) Manuscrit précité.

maçons et serruriers en eurent réparé le sommet, qui était rompu. On admira l'industrie du nommé Gabriel Villaye et son fils, couvreurs, à former leurs établis pour monter au haut de ce clocher; mais ce qui fut trouvé de plus surprenant, c'est l'ajustement de deux percherons de la hauteur de plus de trois hommes, qu'ils établirent au sommet de ce clocher pour monter plus haut que le clocher; en sorte que le fils de Villaye monta plusieurs fois au bout d'un de ces percherons, et fit beaucoup de signes trop hardis et effrontés qui faisaient trembler tout le monde (1). »

Ce rétablissement du coq et de la croix coûta 425 livres 4 sols. Le 25 mai, Monseigneur l'évêque de Lisieux avait versé dans la caisse de la fabrique 200 livres, provenant du déport de S. Pierre-ad-Ifs, « et ce pour aider à remettre le cocq et la croix de la pyramide de l'église de Lisieux (2). »

Le jour de la Conception de la Ste-Vierge de l'année 1700 (3), il s'éleva encore une furieuse tempête. Elle renversa plusieurs édifices; mais « le coq de la grande tour de la cathédrale résista, parce qu'il avait été bien réparé quelques années auparavant, et celui de la petite tour en fut quitte pour perdre sa queue (4). »

En 1705, toujours au mois de décembre, le 30, un

(1) Ms. anonyme.
(2) Comptes de M. Adrian de Mailloc, 1686-1699, Archives du Calvados.— Voyez aussi, pour les années 1676 à 1685, les comptes de M⁰ du Thiron (même dépôt).
(3) 8 décembre.
(4) Manuscrit anonyme.

nouvel ouragan, accompagné de foudre, couvrit la ville de ruines depuis 5 heures du matin jusqu'à 11 heures. Saint-Jacques et Saint-Germain furent grandement éprouvés ; mais la cathédrale n'eut qu'une vitre brisée dans la chapelle de S. Thomas le Martyr.

Au mois de juillet 1714, M. de Matignon mourut, à Paris, dans son hôtel de Matignon, âgé de 77 ans. « Il y en avait trente-sept qu'il était évêque de Lisieux. Etant parti au mois de décembre 1712 pour Paris, il y fut toujours malade de la gravelle qui le tourmenta jusqu'à la mort (1). » Son corps fut rapporté à Lisieux et inhumé au pied du grand autel de la cathédrale.

« Le jour de l'Assomption de la Sainte-Vierge de la même année, Sa Majesté a nommé pour son successeur... M. l'abbé de Brancas, originaire de Naples par ses ayeux et provençal de naissance, d'une famille illustre et ayant eu de ses anciens Papes (2). »

Il prit possession le 12 avril 1715. On lui doit la décoration de la chapelle de la Vierge (3). C'est la dernière mention de travaux faite par les historiens: encore ceux-ci ne portèrent-ils que sur le mobilier.

Saccagée en 1793, ses tombes violées et détruites, la vieille cathédrale servit de temple aux fêtes républicaines. Ces sacriléges orgies la sauvèrent peut-être de la destruction dont furent frappées deux autres églises de notre ville, St-Germain et St-Désir. Rendue

(1) Ms. anonyme.
(2) Ms. anonyme.
(3) *Gallia christiana*, tome XI, *Eccl. Lexov.*

au culte catholique comme simple paroisse, en 1802, le 15 août, M. Eustache Le Jeune de Créquy, grand-vicaire de l'ancien diocèse de Lisieux, procéda à sa purification et à sa bénédiction. A cette occasion, une restauration maladroite, dans le goût du temps, vint gâter plusieurs parties de l'édifice. Le 30 novembre 1808, la foudre ayant endommagé le pilier central de la grande porte, le curé, M. Jacques Blondel, se hâta de le faire disparaître et de rendre, en même temps, le pourtour *plus propre* en rasant les fragments de sculptures restés dans les voussures et le tympan. Son successeur, M. Farolet, obtint le classement de notre église parmi les monuments historiques, et, depuis 1841 jusqu'à ce jour, des sommes considérables ont été dépensées en reprises et en restaurations sous la direction des architectes du Gouvernement. Pour ces travaux, la question d'année est insignifiante; ce n'est donc pas le lieu de s'en occuper ici. Nous réservons leur examen pour une seconde partie dans laquelle sera étudiée, dans une analyse architecturale, la vieille cathédrale lexovienne.

www.ingramcontent.com/pod-product-compliance
Lightning Source LLC
LaVergne TN
LVHW052108090426
835512LV00035B/1323